完全保存版

諸富祥彦

ひとり親の子育て

離婚、死別、「実質シングル」。
ひとりで子育てするすべての人へ。

WAVE出版

ひとり親の子育て

離婚、死別、「実質シングル」。
ひとりで子育てする
すべての人へ。

はじめに

私はもう30年近く、子育てカウンセラーとして多くの方の子育ての相談にのってきました。また、明治大学の教授として、子育てや教育などにかかわる心理学を教えています。

日々の活動で出会う方のなかには、ひとりで子育てをしているシングルのお母さん（お父さん）もおられます。

シングル家庭は、やはり大変です。

「もう、これ以上、がんばれない」

そんなギリギリの状態で、なんとかふみとどまっている方も少なくありません。

仕事、子育て、家事。

仕事、子育て、家事。

ただ毎日、ひたすら「仕事、子育て、家事」の連続。


「心と体が休まる暇がない」

「いつも追われている感じがする」

「自分の時間なんて、まったくない」


これがシングルマザー（シングルファーザー）の方の本音ではないでしょうか。

「幸せを感じるときって、いつですか？」

という私の質問に対して、あるお母さんは、

「ボーッとしているときです。とにかく、いつもやることに追われていて。ボーッ

とする時間すら、なくて」

そう言います。

自分のためにテレビドラマを見たり、本を読む時間など、まったく取れない。友だちに会っておしゃべりする時間もない。テレビを見るのも、子どもが見ている番組を家事や持ち帰った仕事の合間に、チラと見るだけ。

いつも「やるべきこと」に追われているため、時間があれば、とにかく何もせず、ボーッとしていたいのです。

日本の職場はまだまだ、子育て中の親御さんへの理解がじゅうぶんではありません。シングルの親に対しても、残業や休日出勤を容赦なく求めてくる職場もあります。

そんな厳しい状況のなか、ひとり親の方々は本当によくがんばっておられます。

責任感の強い熱心なひとり親の方々は、こんな悩みを語ります。

「やっぱり、パパ（ママ）がいないと、子どもによくないですよね」

「わがままな子どもにならないかと、心配で……」

「父親がいないと、打たれ弱い子になってしまわないか心配です。やっぱりそのぶん、厳しく育てたほうがいいんですよね」


しかし、心配は、ご無用です。

両親がそろっていることは、子どもの健全な育ちにとって絶対的な条件ではありません。

ひとり親でも、「ちょっとした子育ての工夫」をすることによってじゅうぶんに補うことが可能です！

本書では、この「ちょっとした工夫」——**ひとり親のマイナス点を補い、お子さんを伸ばしていくことができる子育ての仕方**についてお伝えしていきます。

具体的には、次の２つの力を持った子どもを育てるための工夫を説いていきます。

１「自分を大切にし、のびのびと育っていく力」（自己肯定感、自尊感情）

２「つらいことがあっても、立ち直る力」（レジリエンス＝困難に満ちた苦しいことがあっても、心が折れてしまうことなく、そこから立ち直っていく心の強さ）

この２つの力を持つことにより、子どもは自分を大切にしながら、自分らしく幸せな人生を生きていくことができます。また、さまざまな人生の困難に見舞われても、心折れることなく、立ち直ってたくましく生きていくことができるのです。

さらに本書では、親御さん自身がハッピーになり、楽しく子育てできるための実践術を紹介します。**お母さん、お父さんの幸せこそが、子育てにおいて何より大事なことだからです。**

私は、こう考えています。

お子さんは、「この宇宙からお母さん、お父さんに贈られてきた大切なプレゼント」です。また、ご両親が、親として、人間として学び成長していくための大切な機会を与えてくれる存在です。

すべての子どもは、そのたましいに、その子だけに与えられたミッション（生きる意味と使命）を刻まれて、この世に生まれてきています。

まだ天の上の見えない世界にいるときから、お子さんのたましいは、お母さんとお父さんをじっとみていて、『この人たちのもとに降りていこう。この人たちのＤＮＡを、この地上の世界でのわたしのからだとして、お借りしよう！　そうすれば、自分がなすべきことをなしとげることができそうだ。この人たちなら、わたしが自分のミッションを果たすために必要な、愛情と栄養と、ＤＮＡと、そして成長のため必要な厳しい試練も与えてくれそうだ！』と、お母さんとお父さんを選んで、ゆっくりこの世に降りてくるのです。

どうぞ、「あたたかい心のまなざし」でお子さんを見守ってください。

親が「愛に満ちたまなざし」で見守っていくことが、お子さんが「幸せな人生を送っていく」ために不可欠な「心の土台」をつくっていきます。

厳しくしつけるよりも、ペタペタ、ペタペタとタッチングする。ギュ！　と抱きしめて、チュ！　とキスする。そして、

「あなたのこと本当に大好き！　愛している。世界でいちばん大切！」

と言葉で伝えましょう。

「私（ぼく）は、幸せになっていいんだ！」――お子さんがそう思えるのが、最高の子育てです。

そのベースは、なんといっても、親御さん自身の「ラブ&ハッピー」。親御さんがいつも安定した穏やかな気持ちでいて、お子さんに愛を伝えていくこと。そして、「子どもに何かつらいことがあったとき、いつでも帰ることができる、心の安全基

地」になっていることです。
子育てでこれ以上に大切なことは何もありません。
どうか、みなさんの子育てが、明日から愛と喜びに満ちたものになりますように！

諸富祥彦

目次

第1章

親が自分にOKを出せると、子どもは幸せになれる

第2章

援助希求力（助けを求める力）を身につける

第3章

離婚したときの子どもへのケア

第4章

死別の悲しみを乗り越える

第5章

子どもの問題行動への処方箋

第6章

「実質シングル」の孤独な子育て

装丁　水戸部 功
執筆協力　伊藤彩子
イラスト　Igloo*dining*
DTP　つむらともこ
校正　大谷尚子
編集　飛田淳子

第１章

親が自分に OKを出せると、子どもは幸せになれる

ひとり親でも子どもは問題なく育つ

ひとりで子どもを育てているあなたにとって、いちばんの心配ごとは、
「ひとり親だと、子どもがきちんと育たないのではないか」
ということではないでしょうか。

子どもの健全な育ちには母性と父性の両方が必要で、そのためには両親がそろっていなければならない、という考え方は、いまだに根強いものがあります。

しかし、安心してください。ひとり親家庭では子どもがうまく育たないということは、決してありません。

ひとり親でも、子どもは間違いなく幸せになれます。

子どもを幸せにするのは、次の2つです。

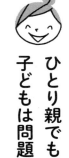

①親自身がハッピーでいること

②あふれんばかりの愛情を注ぐこと

両親がそろっていることは絶対的な条件ではありません。

たとえ両親がそろっていても、お母さんがいつも暗い顔をしている、パパとママが毎日怒鳴り合いのケンカをしているなど、安心できない状況なら、子どもは幸せを実感できません。

お子さんに対するあたたかい愛情をはぐくんでいるのであれば、お母さんひとりでも、お父さんひとりでも、あるいは親戚のおばさんやおばあちゃん、おじいちゃんが親代わりでも、子どもは問題なく健やかに成長していきます。両親がそろっていることは必ずしもマストではないのです。

「母性」は母親だけが持つものではない

「両親がそろっていることは、子どもの育ちにおいて絶対条件ではない」

私がこうお話しすると、次のような疑問を投げかけてくる方が少なくありません。

「母性、父性という言葉があるように、母親と父親の愛情は種類が違うはず。この両方をまんべんなく与えてあげてこそ、子どもは欠落なく育つのではないですか？」

たしかに、母性と父性は子育てにおいて果たす役割が違います。

母性……あたたかく包み込み、子どもをあらゆるものから守る力
子どもをあるがままに受け入れる力

父性……分断する力。子どもと外の世界をつなぎ、社会のルールや約束事、責任などを身につけさせる力

子どもの心の成長には、母性、父性の両方が必要です。ここで重要なのは、**必要なのは「母性」「父性」であって、「母親」「父親」ではない**、ということです。

一般に、母性は母親から、父性は父親から与えられるものだと思われています。母親のほうが母性を発揮しやすいのは間違いありません。体つきや声の調子がやわらかく、やさしげなのは女性だからです。

しかし、実際は母性があまりなく、父性豊かな厳格な母親もいれば、子どもをあたたかく包む母性豊かな父親もいます。また、性別に関係なく、ひとりの人間のなかには、「母性的なもの」「父性的なもの」が共存しています。

母性と父性、どちらがより重要かといえば、**子どもに必要なのは、圧倒的に「母性」のほうです。**したがって、たとえ父親ひとりで子育てしていても、母性豊かな

父親にあたたかく包み込むように育てられていれば、子どもは問題なく育ちます。逆に母親が育児の中心になっていても、両親がそろっていたとしても、その家庭にいつもピリピリ感が走っていて、あたたかく包み込む母性が欠けていたとすれば、お子さんの心は不安定にならざるをえません。

「母性」については、「女性に生まれつき備わっている本能」であるという**勘違い**がしばしばされています。いわゆる「母性本能」です。母性本能という言葉は、心理学の世界ではもはや死語となっています。

つまり、科学的に「母性本能」というものは存在しないのです。「母性」は生まれつき備わっている本能ではなくて、子どもと関わっていく過程で親のなかに育っていくものなのです。

子どもにご飯を食べさせる、お風呂に入れる、いっしょに遊ぶ、寝かしつけるなど、日々世話をし、ふれあい、おしゃべりをすることを通して、母性は育っていきます。

「父性」が必要になるのは思春期以降

精神分析で知られるフロイトは、父性（厳しさ）を重視し、息子は父親を乗り越えてはじめて大人になれると述べています。しかし、これは母性（やさしさ、包み込む働き）を中心とする日本人の子育てにはフィットしません。

それなのに、これまでの日本の親は、「子育ては厳しくしつけて怒鳴ること」と勘違いしてきたような気がします。

最近では育児に熱心なイクメンも増えていますが、彼らが発揮しているのはおしなべて父性ではなく母性です。厳しくしつけるというよりは、お母さん代わりとして接することが多いですし、多くのお父さんはイクメンとはいえ、子育てにおいて脇役に回りがち。お父さんが子育てに参加している場合でも、父性が付け加わるのではなく、お母さんが2人になるイメージですが、それでいいのです。

「父性」が特に重要になるのは思春期以降のこと。たとえば道を踏み外しそうになったりしたときに、「社会の代弁者」として厳しく決まりごとを守らせる必要があるのです。

ひとり親家庭のしつけはゆるめでOK

「片親なんだから、だらしないと言われないようにしっかり育てなくては」

「私が父親のぶんもがんばらなくては」

こんなふうに思いながら、子どもを厳しくしつけているシングルマザーは多いのではないでしょうか。

責任を果たそうとする姿勢は実に立派です。しかし、こうして父性（厳しさ）ばかりを発揮していると、「母性不在」の家庭になってしまいます。

ある保育園で、こんな光景を見かけたことがあります。

男の子がひとりで保育園を出て帰っていきます。あれ？　ひとりなのかな？　と思って見ていると、何メートルかあとをお母さんらしき人がついて歩いているのです。先生に話を聞くと「シングルのお母さんで、甘えん坊の息子を強い男に育てたいから、手をつないで帰らないようにしている」とのことでした。

しかし、これはやりすぎです。むしろ、お子さんは突き放された気持ちになり、不安が強くなってしまいます。

本当に自立した子どもに育てたいなら、手をつなぐのはもちろん、ペタペタチュッチュと思う存分スキンシップをするのがいちばんです。スキンシップをされるなかで、「お母さんはぼくのことが１００％大好きだ」「何の心配もない」と思えるからこそ、お子さんは安心してお母さんから離れていくことができます。

逆に**お母さんが自分のことを愛してくれているかどうか不安だと、お子さんは母親から離れられなくなってしまいます。**

実は先の男の子は、おねしょと指しゃぶりが直らず、お友だちとのトラブルが非

常に多くなってしまったそうです。相談を受けた保育園の先生が、

「お母さん、手をつないでギュッと抱きしめて、スキンシップをたくさんとってみてください。いっしょに添い寝して、眠るまでトントンと背中に手を当ててあげるのもいいでしょう」

とアドバイスしました。お母さんは最初、「え、そんなに甘やかしたらますます……」と半信半疑でした。

しかし、2、3日手をつないで帰り、添い寝をしてあげていると、問題行動はぴたりとおさまったのです。

ひとりで子育てするお母さんは、父親不在を気にし、「お父さんのぶんまで、ちゃんとしつけなくては」と、つい厳しくしすぎてしまうものです。しかし、これは逆効果です。心理的には「母親不在」の家庭になって、子どもを追いつめてしまいます。ひとり親がいちばん陥りやすい問題が、父性（厳しいしつけ）を強くしす

ぎて、子育てからやさしく包み込む母性が失われがちなことなのです。

そもそも日本のお母さんの多くは**「実質シングル」**の状態にあります。「実質シングル」とは、離婚していなくても、ひとりで子育てしている状態のことです（第6章に詳説）。日本のビジネスマンは多忙すぎて、ふだんの「子育て」はほぼ母親ひとりで担っているのが普通です。

たとえ両親がそろっていても、ビシッと言ってくれるはずのお父さんが仕事で不在のため、結局お母さんがひとりでいつもガミガミ子どもを叱りつけ、父性的な役割を背負わされている場合が少なくありません。

「実質シングル」のお母さんたちは、経済的な不安はないかもしれません。ですが、「ひとりで子どもをきちんと育てなければならないプレッシャー」を抱えているという点では、シングルマザーと共通しています。

たとえ父親がいても、お母さんはひとりで子育てを抱え込み、父性的になって、「簡単には抱っこはしない。甘やかさない」

「自立心を養うため家の用事をたくさんさせる」

「競争心を育むためほかの子と競わせる」

など、厳しすぎるしつけに走ってしまう方が少なくないのです。

子どもを愛しているのなら、

× ひとり親なのだから、お父さんのぶんまで厳しく育てなくてはいけない
× 厳しいしつけ＝子どものためである、親の責任である

という誤った考えはいますぐ捨ててください。

いきすぎたしつけは、プチ虐待に近い行為です。お子さんの心に一生残るダメージを与えかねません。

毎日毎日、ガミガミ叱りつけられているうちに、お子さんの心の内には、「私なんて、どうせダメだ」「ぼくは、どうせお母さんから叱られてばかりいる人間だ」

といった自己への否定的な思いが蓄積していきます。そしてその「自己否定感」は、「心の折れやすい子」につながります。

お子さんが長い人生を幸せに生きていくことができるかどうか。

多少つらいことがあってもはね返すことのできる「折れない心」を持つことができるかどうか。

その基本は、お子さんが小学校に上がるくらいまでに、

「自分はお母さんから本当に愛されている」

という思いを持つことができるかどうかにかかっています。

お母さんとしては、「お父さんのぶんも」と思って厳しいしつけをするのですが、それは子どもには伝わりません。厳しすぎるしつけは、かえって子どもの生きるエネルギーを奪ってしまいます。

自己肯定感は親からの「最大のプレゼント」

自分はお母さんに愛されている。
自分はお父さんに愛されている。

この思いがお子さんの心に「自分は大丈夫！」という「自己肯定感」を育て、何があっても立ち直れる心の土台をつくっていきます。

自己肯定感とは、「私は大丈夫」「私は愛されている」「私は幸せになるに値する」「自分はがんばればできる人間だ」という自分に対するポジティブな感覚のことです。**この基本的な自己肯定感を持っていれば、人生で多少、苦しいこと、つらいことがあったときでも、なんとか乗り越えていけます。**

反対に、この自己肯定感が育っておらず、「どうせ自分はダメだ」「がんばっても自分はきっとうまくいかない」という自己否定的な気持ちしか持っていないと、いざという時き踏ん張りがきかない子どもになってしまいます。ちょっとしたつまずきで心がポキリと折れやすくなるのです。

あなたが気にかけるべきは、あたたかい愛情でしっかりと子どもを包み、自己肯定感を育むことができているかどうかです。お父さんがいるかいないかではありません。**たっぷり愛情を注いで育てているなら、父親不在はちょっとした誤差にすぎないのです。**

だからこそ、お母さんは「お父さんのぶんまで」と気負うことなく、愛情を思う存分注いで、「何があってもお母さんはあなたを信じているよ」と、親バカになっていただきたいのです。「お母さんはね、あなたを愛している♥」とどんどん言葉にしてお子さんに伝えてあげてください。

「ペタペタ、チュ」と「愛の言葉」で愛情を伝える

子どもにとっていちばん必要な愛情はスキンシップです。

- 心を込めてゆっくり抱っこする
- ペタペタさわる
- ギュッと抱きしめる
- ほっぺにチュ

子どもはあたたかく包まれるような抱っこやタッチングが大好きです。「自分は大切にされている」と肌で実感できるからです。

「ガツンと叱ってくれる父親がいないのに、甘えさせてもいいの?」なんて心配す

ることはありません。

幼いころに「これでもか」というくらい「十分に甘えられること」が、子どもの心の土台をつくります。「甘えられること」で、心にエネルギーをチャージできる子が、「がんばれる子」になるのです。

愛情をどんどん言葉にして伝えていくことも大切です。

「ミキちゃんかわいいね。大好きよ」

「ケンちゃんのこと、すっごく大切だよ。ママの宝物なんだ」

愛情を言葉にするときは、しっかりお子さんの目を見つめましょう。せっかくの愛の言葉も、家事の片手間に口にしていては、「本当にママはぼくが好きなのかな？」とかえって不安にさせることもあります。

目を合わせるということは、「あなたと心を通わせたい！」「私の言っていることは、言葉だけでなく、心から言ってるのよ」というメッセージでもあります。表面的な言葉かけではなく、本心から「愛しているよ」と伝えるためにも、アイコンタクトは重要です。

親の心の安定を最優先してよい

拙著『男の子の育て方』『女の子の育て方』のなかで、強調してご説明したことがあります。

それは、**親御さん自身のハッピーが、お子さんのハッピーにつながる**、ということです。そのために特に大切なのが、親御さん自身の心が安定していること、イライラカリカリせず、落ち着いた気持ちで子どもと接していることです。

どうすれば、自分の心が安定するのか。

どうすれば、幸せな気持ちで毎日を生きていけるのか。

このことをよく考えることが大切です。

親の心の安定が、お子さんの「心の土台づくり」において、最も重要で大切なものなのです。

子どもを傷つけるのは離婚した「事実」ではない

子どもは親の離婚そのもので傷つくのではありません。離婚したことで親御さんが不安定になることに加え、

「お父さんとお母さん、離婚したの？　かわいそうに」

「離婚してたんだ……。親の話をしちゃってごめんね……」

といった周囲の人のかける、偏見や何げないひと言で心を痛めます。

また、親から、

「離婚してごめんね」

と謝られることで傷つきます。これらの「言葉」が子どもを傷つけるのであって、**「離婚」それ自体が子どもを傷つけるわけではないのです。**

小学校に入学すると、家族の絵を描いたり、参観日や運動会といった学校行事など、さみしい思いをする機会は頻繁にあります。そんなとき、子どもの支えになるのは、いっしょに暮らす親御さんのポジティブな姿勢です。

次のようなことは言わないようにしましょう。

×「離婚しちゃってごめんね」

×「親がひとりでおまえ、かわいそうだね」

親御さんからこうしたネガティブな言葉をかけられていると、「自分はかわいそうな子なんだ」「普通の家庭の子より劣っているんだ」と思ってしまいます。それが子どもの心を傷つけるのです。

人間の思いは、他者からの言葉がけで決まります。

なかでも子どもがいちばん影響を受けるのは、なんといってもいっしょに暮らす親御さんの言葉です。ふだんから、

○「ママは幸せだな」

○「お母さんはミッちゃんと２人の生活が楽しいよ」

○「お金はないけど、いろいろ工夫して頭を使うから、お金持ちの人より頭が良くなっちゃうかもね」

と前向きな態度や言葉がけをしていきましょう。そうすることで、「両親がそろっていないことはたいした問題じゃない」と考えられるようになるのです。

子どもを周囲による傷つきから守るには

「先日、すごく腹立たしいことがあったんです」

と憤慨しているのは、小学校４年生の娘さんを持つシングルマザーのケイコさん。娘さんが学校から泣きながら帰ってくるなり、「友だちが『芸能人の◯◯は離婚してるからダメ人間だよね』って言ったの」とのこと。娘さんはひどくショックを受けていたといいます。

「『そんなこと言う子とは遊ばなくていい！』と娘より私のほうが、激怒してしまいました。冷静に考えると、おそらくおうちの方の言葉を真に受けて、そのまま言っているだけだったのかなと。娘を傷つけようとしたわけではなかったようですし、もう少し穏やかに話したほうがよかったと後悔しています……」

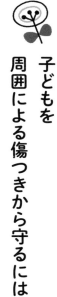

子どもは友だちや周囲の大人から、ショックを受ける言葉を言われたとき、親に確認を求めます。そこで、親の安定した姿を見て安心するのです。親が動揺してしまうと、子どもは「やっぱり、離婚してるってうしろめたいことなんだ……」と親の劣等感や罪悪感を感じ取ってしまいます。

そんなときは、「芸能人の○○さんって素敵な人じゃない、ママ大好きだよ」と笑い飛ばし、明るく堂々としていることです。

こうした**間接的な社会的傷つき**は、すべての子どもが体験するものです。シングル家庭という環境条件だけでなく、身体的な条件、成績、習い事、経済的な格差。こうしたすべての「社会的傷つきの要因」をなくすことは不可能です。目指すべきは、傷ついてもそこから立ち直ることができる力を子どもに育てることなのです。

（「立ち直り力」は１８１ページに詳説）

歪《ゆが》んだ思い込み
＝イラショナル・ビリーフとは

ひとり親は、「シングル家庭には、やはり何か欠陥があるのではないか」という不必要な劣等感を抱きがちです。そして、その不必要な劣等感をつくり出すのは、親自身のなかにある**「自分を不幸にする歪んだ思い込み」＝「イラショナル・ビリーフ」**です。子どもを幸せにしたいなら、まずは親御さんが自分自身のなかにある、この「歪んだ思い込み」＝「イラショナル・ビリーフ」の存在に気づくことです。

たとえば、離婚したときに近所の人から「離婚したの？　子どもがかわいそうね」などと言われたりしたら、みなさんはどう考えるでしょうか？

多くの人は「たしかにかわいそうだ」「片親になってしまって子どもに申し訳な

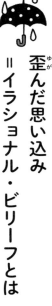

い」「私がダメな人間だから、子どもにつらい思いをさせてしまった」と罪悪感を持つのではないでしょうか。

しかし、いまは３組に１組のカップルが離婚する時代です。特別なことではなく、強い劣等感を抱く必要などありません。

それなのに、なぜ罪悪感や劣等感を抱いてしまうのでしょうか。

それは、あなた自身のなかに「離婚家庭は、家族が欠けていない普通の家庭より劣っている」「父親がいない子どもはかわいそう」といった強固なイラショナル・ビリーフ（根拠のない思い込み）があるからなのです。

やっかいなのは、世間で「常識」と信じ込まれているものや、あなた自身が親から教えられてきた社会通念のなかに、多くのイラショナル・ビリーフが潜んでいることです。

・離婚はダメな人間のすることだ

- 離婚する人はどこかに欠陥がある
- ひとり親家庭で育つ子どもはさみしくて、かわいそう
- 父親（母親）がいない子どもは、どこかに大きなマイナスの影響が出る
- 離婚は恥ずかしいこと、隠すべきことだ
- 離婚したら世間に顔向けできない
- 離婚する人間は我慢が足りない
- 子どものために母親は我慢すべきだ

これらはすべて、「根拠のない間違った思い込み」＝「イラショナル・ビリーフ」です。

多くの人は、子どものころから、こうしたイラショナル・ビリーフを長年にわたって刷り込まれてきました。そのため、無意識のうちに私たちの心のなかに浮かんできてしまう感情のなかには、たくさんの根拠のない歪んだ思い込みが含まれて

います。

子どもに幸せな人生を歩んでほしいと願うなら、まずは親御さん自身がマイナスのイラショナル・ビリーフから解放され、自由にならなくてはいけません。

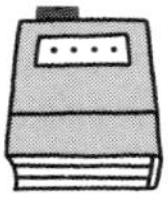

論理療法で　つらさから脱出する

自分のなかのイラショナル・ビリーフに気づき、修正していくための心理セラピーの方法を「論理療法」といいます。アメリカのカリスマ・セラピストであるアルバート・エリスが考案したもので、ＡＢＣＤＥ理論とも呼ばれます。

それは次のＡ→Ｅの５つの手順で、この療法が進められていくからです。

A＝Activating Event／実際に起きたさまざまな出来事

B＝Belief／その出来事の受け取り方やその背後にある考え方、信念

C＝Consequence／Aの出来事をBによって受け止めた結果生まれる感情や行動

D＝Dispute／自分のなかにあるイラショナル・ビリーフに反論する。それをラショナルビリーフ（理にかなった、自分を幸せにしてくれる柔軟な考え）に変える

E＝Effects／結果としてもたらされるより良い感情や行動

たとえば、近所の人から離婚についてあることないこと言われるという出来事（A）が起きたとします。

そのとき生じる感情（C）は、人によって違います。「私はダメな人間だ」と落ち込み傷つく人もいれば、「あの人はそういう考えの人なんだ、世の中にはいろんな考え方の人がいるな」と余裕を持って接することができる人もいるでしょう。

この違いを生み出すのがB（ビリーフ）の存在です。その出来事の「受け止め方」「考え方」です。

同じ出来事（A）があっても、そこで生まれる感情（C）が違うのは、その人の「受け止め方」「考え方」（B）の違いによるものなのです。

歪んだ感情（C）を生み出す歪んだ考え方（B）には、徹底的に反論（D）していき、考え方を変えることで、より良い結果（E）が得られます。

離婚について、歪んだ思い込み（B）を持っていると、離婚は落ち込みの原因になります。それに対して、

「本当にそうだろうか？」

「私は離婚して大変になったこともあるけれど、幸せになった部分もあるのでは」

と反論していくことで、歪んだ思い込みを、「離婚しても人生の敗北者ではない」といったように書き換えることができるのです。

「心のつぶやき」を変えて落ち込みをなくす

では、実際に論理療法にトライしてみましょう。

私たちの感情は「心のつぶやき」から生まれます。

理性では離婚は間違っていなかったと思っていても、「離婚した私はダメ人間では」「離婚のせいで子どもがちゃんと育たないのでは」といった否定的な心のつぶやきに苦しめられている方は少なくありません。

たとえば、いつも落ち込んでいる人は、心のなかで「どうせ私なんて……」と知らず知らずのうちにつぶやいています。

実はこの「心のなかのつぶやき」が、落ち込みをつくり出しているのです。

論理療法の3ステップで、ネガティブな心のつぶやき＝イラショナル・ビリーフ

（歪んだ思い込み）を見つけ、それを書き換えることで、平穏で穏やかな気持ちを取り戻していきましょう。

①心のなかのつぶやきを眺めてみる

自分の心のなかに、どんなつぶやきが浮かんでいるか、眺めてみてください。浮かんでくる心のつぶやきを静止画像のようにストップさせ、眺めてみるのです。

②つぶやきを紙に書き、反論していく

「離婚はダメ人間のすること」

「ひとり親家庭の子どもはかわいそう」

こんなつぶやきが見えたら、紙にメモしてください。

そして、それに反論していきましょう。

「私は離婚しました。
離婚をする人間はダメだと言う人もいます。
ひとり親家庭の子はかわいそうと言う人もいます。
でも、毎日、怒鳴り合う夫婦ゲンカで、
子どもをおびえさせるよりは、
私ひとりで育てたほうがいい。
毎日つらくて泣きながら子どもと接するよりは、

私ひとりで育てたほうがいい。
私は、親として子どもを守るために、離婚しました。
子どもにとって大事なことは、安定した気持ちの親がいること。
両親がそろっていることは、子育てにとって必ずしも絶対条件ではない」

③つぶやきを前向きな言葉に変えて紙に書き、毎日50回唱えましょう

「私は、離婚したからこそ、毎日平和な気持ちでいることができる」
「私は、離婚したからこそ、子どもに愛情を与えることができる」
「子どものためにできることはすべてやっている」
「いまのほうが、ずっと自由で伸びやかだ」

自分にしっくりくる言葉を選び、書きとめ、毎日50回唱えましょう。ガッツポーズを取りながら、大きな声でリズムに乗り、気持ちを込めて声を出してください。

無意識のうちに、心のなかで生じてくるつぶやきを変えることは、そう簡単ではありません。

心のなかに浮かんでくるつぶやきを変えるには、毎日唱えることが大切です。そのためには、１日のうち、あなたがいちばん楽しみにしていることの前に、唱えることを習慣にしていきましょう。家に帰り夕飯を食べる前に、ビールを１杯飲むのが何よりの楽しみだとします。そうしたら、ビールを飲む前に、必ず30回、

「私は、離婚したからこそ、落ち着いている。子どもを愛することができている」

と声に出して唱えましょう。

紙に書き、毎日声に出して唱えることで、罪悪感や劣等感が消えていきます。エネルギーに満ちたポジティブな感覚が生まれてくることでしょう。

パーフェクトな親など ひとりもいない

ひとりで子育てする親御さんには、「ちゃんとした親であらねばならない」というプレッシャーを抱いている人が少なくありません。父親（母親）が欠けている家族だからこそ、完璧を目指さなければならない。目指すべきだ。そう自分を縛り、がんじがらめになっているかもしれません。

しかし、離婚していようがいまいが、完璧な親などどこにもいません。

カナダでは、0～5歳児の親向けに「ノーバディーズ・パーフェクト」というプログラムを実施しています。そのテキストの一節をご紹介しましょう。

人は親として生まれてくるわけではありません。私たちは皆、周りの人に助けてもらいながら、親になっていくのです。完璧な人はいません。完璧な親もいなければ、完璧な子どももいないのです。私たちにできるのは、最善をつくすことだけであり、時には助けてもらうことも必要なのです。

（『Nobody's Perfect』子ども家庭リソースセンター編／向田久美子訳／ドメス出版）

ノーバディーズ・パーフェクト・プロジェクトが目指しているのは、**親の自己受容**です。**自分にNOを出しているお母さんは、子どもにもNOを出してしまいます。**

子どもを幸せにするいちばんの近道は、お母さん自身が幸せになることです。ハッピーなお母さんのもとでハッピーな子どもが育ちます。あなた自身がハッピーになるには、まず、いまの自分のありのままを受け止めることです。これを自己受容といいます。

こうお話しすると、「なるほど、離婚したってオッケー！　と考えればいいんですね」というお母さんがいますが、少し違います。それは肯定という名の開き直りであって、自己受容とは別のものです。

自己受容とは、「離婚してしまって子どもに申し訳ない」という罪悪感や、「夫に浮気されてきちんとした家庭を築けないダメな自分」という劣等感も含めたありのままの自分を、自分の一部として受け入れることです。


「自分で自分を責めている自分がいるな」

「私には、ダメなところ、無責任なところ、親として未熟なところがあるな」

「でも、どんな自分だって大切な私の一部なんだ」


自分のなかにある感情について、「大変なんだから、こう考えたっていいじゃない」「こんなこと考えるなんて自分はダメだ」と良し悪しをジャッジするのではありません。

そうではなく、「私のなかにこんな気持ちがあるな」「私には、○○のところもあるな」と**ただそのまま、認め、眺める**のです。

自分のなかにある怒り、悲しみ、罪悪感、劣等感に気づく。「こんな気持ちが私のなかにあるな」とただ認める。それが子どもを幸せにする最初の一歩なのです。

とはいえ、つらい気持ちや悲しい気持ちに押しつぶされそうになって、「自己受容」なんてとてもできないということもあるでしょう。そんなときは、巻末のワークを試してみてください。簡単で心がスーッと軽くなる方法をご紹介しています。

なお、日本でもノーバディーズ・パーフェクト・ジャパン（NP-Japan）が設立され、現在は次の3団体で運営されています。講座も開かれていますので、興味のある方は、参加してみるといいでしょう。

■NPO法人　こころの子育てインターねっと関西（KKI）
■NPO法人　子ども家庭リソースセンター（CFRC）
■特定非営利活動法人　コミュニティ・カウンセリング・センター（CCC）

第2章

援助希求力（助けを求める力）を身につける

助けを求められる自分に
誇りを持とう

ひとり親に必要なものは、何だと思いますか？

子どもの面倒を見てもらえる祖父母の協力？

いざというとき、子どもを預かってもらえるママ友？

それとも、子どもを行きたい学校に行かせてあげられる経済力でしょうか？

もちろん、どれもあるに越したことはありません。

しかしそれ以上に必要なのは、**何かあったときに助けやサポートを求めることができる力＝「援助《えんじょ》希《き》求力《きゅうりょく》」**です。

子育てには、「マンパワー」が必要です。家事、子どもの世話、仕事、学校行事……。大人が2人いる家庭でも、「手が足りない」状況です。

誰にも頼らずひとりでがんばろうと心に決めていても、保育園が休みの日曜日や祝日に出勤しなければならなくなったり、体調が悪くて家事や育児ができなくなってしまったり、困った事態に陥ることはめずらしくありません。

仕事から家事、育児までを一手に担うひとり親の大変さは想像をはるかに超えています。自分の代わりに動いてくれる大人がひとりいれば解決することなのに……ということも少なくないでしょう。

そんなときは、堂々と助けやサポートを求めていいのです。

「助けを求めるなんて恥ずかしいことだ」「弱みを見せるようで耐えられない」と思うかもしれません。

しかし、助けを求めることは、恥ずかしいことでも何でもありません。むしろ**「助けを求める能力のある自分」**を褒めてあげてほしいのです。

「子どものためにできることを、すべてやることができている」というプライドの持ち方をしてほしいのです。事実、本当にそうだからです。

ひとり親家庭へのサポートが未熟な日本

いまの日本は、「サラリーマンの夫、専業主婦の妻、子ども2人」という家族をモデルに社会が設計されています。その枠に当てはまらない個人や家族のほうが多いのに、その人々を救済すべき制度が、極端に未熟なのです。その結果、社会で最も弱い存在である子どもにしわ寄せがいっています。

たとえば、日本では親権をどちらか片方の親に決めなければならない「単独親権」です。養育費を滞納しても強制的に取り立てられることはありません。

一方、欧米の主要国では、子どもの権利として、養育費や面会交流が義務づけられています。別れたあとも両親が子どもに責任を持つ「共同親権」です。アメリカでは養育費履行強制庁が設けられ、親の扶養義務が徹底されています。

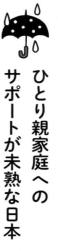

日本でも、平成23年に民法の一部改正で、離婚の際に父母が「養育費の分担」と「面会交流」について、子の利益を最も優先して話し合わなければならないことが明記されました。大きな一歩といえます。

みなさんのなかにも、養育費の支払いが滞っている、あるいは「あんな男にお金をもらうのは願い下げ」と、養育費を拒否している人がいるかもしれません。

とはいえ、「私のせいで……」と自分を責める必要は、まったくありません。**日本の法整備が遅れているのが悪いのであって、親個人の責任ではないからです。**

養育費の受け取り＝子どもの権利であることをはっきり法で示すべきです。個人にだけ任せていては、なかなかうまくはいきません。

養育費の支払いを通じて別離した親の愛を感じる子ども

実際、日本では養育費を受け取っているひとり親家庭は、とても少ないのが現状です。

平成23年度の「全国母子世帯等調査」（厚生労働省）によれば、離婚時に「養育費の取り決めをしていない」というシングルマザーは、約6割にのぼります。「現在も（養育費）を受けている」シングルマザーは2割弱にしかすぎません。養育費を一銭も受け取っていないシングルマザーが約6割もいるのです。これはよくありません。

また「養育費の取り決めをしていない」理由として、

・相手に支払う意思や能力がないと思った　48・6％

・相手と関わりたくない　23・1％
・取り決めの交渉をしたが、まとまらなかった　8・0％
・取り決めの交渉がわずらわしい　4・6％
・相手に養育費を請求できるとは思わなかった　3・1％
・自分の収入等で経済的に問題がない　2・1％
・子どもを引きとった方が、養育費を負担するものと思っていた　1・5％
・現在交渉中又は今後交渉予定である　1・0％

などの理由が挙げられています。

支払い能力がないのはしかたのないことですが、気になるのは「相手と関わりたくない」「交渉がわずらわしい」といった理由で養育費の受け取りをしていないケースがあることです。

離婚した相手と「顔を合わせるのも苦痛だし、あんな相手からお金をもらうのは嫌だ」と思うのはわかります。しかし、養育費は子どもの権利です。また、子どもの別れた親への気持ちにも影響を与えます。

3歳のときに両親が離婚したアキヒトさん（23歳）は、父親といっしょに暮らした記憶もなく、小さいときから父親がいないのが普通だったため、成長過程において「父親に会いたい」という気持ちは起こりませんでした。

しかし、大学に進学するとき、母親から自分名義の通帳を見せられ、「お父さんが、毎月支払ってくれていたお金を入学金として貯めていた。家計が苦しいときは少し使ってしまったけれど、ゴメンね」と伝えられて、これまで感じたことのなかった気持ちが生まれたといいます。

「そのときはじめて、養育費をもらっていたことを知りました。父親は自分を忘れてはいないんだ、思っていてくれたんだと思うと、うれしかったですね。なんとなく母に悪い気がして、父親のことは聞いたことがなかったのですが、そのときは素直に『お父さんいま何してるの？』と聞くことができました。父は再婚していて、僕の弟妹になる子どもがいるとのことでしたが、母が『お父さんに会いたいなら会ってもいいよ』と言ってくれたので、心の準備ができたら会いに行こうと思っています」

夫婦が別れても、子どもに対する愛情や扶養義務は消えてしまうものではありません。**養育費はあなたではなく、子どものためのものなのです。**賢明なあなたなら、自分の感情のために、養育費を受け取るアクションを起こさないのは、子どもの権利を奪うことになるのだと気づくはずです。

相手が「失業中で支払えない」といった場合でも、「それならもういい！」と関係を切ってしまわずに、１０００円でも２０００円でも子どもへの愛情として定期的に支払ってもらう努力をしたいものです。あなたにとっては不愉快なことかもしれませんが、子どものために、生活が安定してからでも支払ってもらえるよう連絡を取り合っておきましょう。

もし、養育費について不明な点があれば、まず養育費相談支援センターに相談してみましょう。電話とメールで無料相談ができます。ホームページには、養育費についての基礎知識や、最寄りの相談機関の一覧も掲載されていますので、参考にしてみてください。

■養育費相談支援センター
http://www.youikuhi-soudan.jp/　☎０３・３９８０・４１０８
メールアドレス：info@youikuhi.or.jp

先生を頼る

ひとりで子どもを育てているということを、みなさんは保育園や幼稚園、学校の先生に話しているでしょうか？

「片親だという先入観を持たれたくない」

「離婚したなどと、恥ずかしくて話せない」
「先生には関係のないことだから、話す必要はない」
こんな思いから、離婚や死別の事実を保育園・幼稚園や学校の先生に言い出せないという人は、思いのほか多いようです。しかし、**先生に事実を伝えていないと、いざというとき子どもが必要な援助を受けられなくなってしまいます。**

たとえば、子どもが離婚や死別の影響で、不安定になることがあります。担任に事情を話していれば、元気がないときにさりげなく気づかってくれたり、一時的に宿題をやらなくなったりしても大目に見てくれたりと、必ず気にかけてくれるはずです。また、**離婚の事実を周囲に隠さない親の姿を見せることで、「離婚は決して恥ずかしいことではない」という価値観をお子さんのなかに根づかせることができます。**

３年前に離婚したキヨミさんは、離婚が決まったとき、学校の先生にあいさつに行ったといいます。

「先生は少し驚いたようでしたが、『そうですか。お母さんとしては、お子さんのことが心配なんですね。何かできることがあればおっしゃってください』と言ってくださりホッとしました。担任の先生が変わるたびに事情はお話しするようにしていましたね。娘は中2の終わりから中3の初めごろ、少し不安定になりました。受験学年なのに学校を休んだり、宿題をまったくやらなくなったりして、私ともケンカばかり。経済的に塾には行かせてあげることができなかったのですが、先生方が放課後に勉強を根気強く見てくださって、どうにか乗り切ることができました」

もし、担任が事情を知らなければ、ちょっとした変化にもなかなか気づいてもらえません。お子さんが先生から「おうちで何かあったの?」などと、様子を探るような質問をされることにもつながります。このように**周囲の大人が遠回しに探りを入れてくることは、離婚したあとの子どもにとって大きなストレスになります。**

また、大震災のような緊急事態が起きたとき、子どもだけで家にいることを担任が知っていれば、必ず気にかけてケアに走ってくれます。実際、東日本大震災のとき、被災地のある学校の先生方は、３週間自宅に戻らず、生徒のために奔走していました。こういうときの学校の先生方の機動力はあなどれません。

忙しければ電話でもかまいません。

「実は離婚することになって家庭の変化が大きいので、少し見ていてくださると助かるのですが」

こんなふうにさらりと担任に報告しておくだけでいいのです。

また、「自分以外にも子どものことを考えてくれる人がいる」ということが、あなた自身の安心にもつながるはずです。

スクールカウンセラーも身近な相談相手

いまは全国のほとんどの中学校にスクールカウンセラーがいます。

スクールカウンセラーは、中学校の子どもだけでなく、その学区の小学校の子どもや保護者の相談にものっています。どんどん積極的に活用しましょう。

学校の先生にはないスクールカウンセラーの強みのひとつは、「この悩みは、この専門機関に行けば相談に乗ってもらえる」「地域でこういう子どものケアをしてくれるＮＰＯがあるから利用してみたらいかがですか」など、地域で活用できる組織や相談先についての情報を提供してくれる点です。

「こんなこと、学校のスクールカウンセラーに相談するのはおかしいだろう」と思える悩みでも、気軽にどんどん相談してみましょう。

「離婚したばかりでやっていけるか心配だ」
「ひとりで子育てするのに疲れてしまった。つい子どもに当たってしまう」
「子どもがちゃんと育つのか不安でたまらない」
「子どもに悪い影響が出ないか、専門家の意見を聞きたい」

ふだんはなかなか口にできない心の声を誰かに聞いてもらったり、相談したりすることで、気持ちが軽くなるものです。私も長くスクールカウンセラーとして仕事をしてきましたが、問題が深刻化したあとではじめて相談に来られる方が大半を占めています。もっと早く助けを求めてくれていたら……と思うケースが多いのです。

大切なのは、悩んでいるとき、困っているときに声をあげることです。ひとりで抱え込み、ふさぎ込まずに、助けを求めること。

そのことで、問題が大きくなるのを防ぐことができます。また、いまの状態から脱け出すために必要な情報や援助を得やすくなるのです。

助けを求めるのが苦手なあなたへ

「助けを求められる自分に誇りを持ってください」

こうお話しすると、シングルマザー、シングルファーザーの方々はため息をつきながら、こう口にします。

「もともと人を頼るのが苦手なんです」

「実の親や前の夫からも裏切られてきたので……。頼らなければ裏切られることもありませんから」

「前に学校に相談したけど頼りにならなかった。もう絶対に相談しない」

過去に誰かに裏切られてつらい思いをしたから、「もう裏切られるのはまっぴら」とひとりで乗り切ろうとするのです。

ただ、子育ては夫婦２人でも大変です。ましてやひとりであるならば、気合いだけで乗り切ろうとすると、疲労感でいっぱいになってしまいます。

シングルマザーのミナミさんは、自分の両親に２人の小学生の息子さんを預けて残業することで、少しでも収入を増やそうとがんばっていました。

しかし、「心の通い合わなくなった夫と別れて、新しい生き方をしたい」と離婚を選んだミナミさんに対し、母親は「暴力をふるわれたわけでもないのに、別れるなんて信じられない。子どもたちがかわいそう」と非難しました。子どもたちにも、「お前たちにさみしい思いをさせるお母さんは大バカ者だね」とミナミさんの悪口を吹き込んでいるといいます。

「そんな母が許せず絶交しました。いまは仕事と家事に追われてまったく自分の時間が持てません。でも、私が帰宅する夜10時まで、息子たちだけで過ごしていることを考えると、そんなこと言っている場合ではないんですが……」

たしかに子どもに自分の悪口を吹き込まれるとなると、黙っていてはいけません。お子さんが情緒不安定になるなどの変化が見られる場合には、一時的に預かってもらうのを中断する必要があるでしょう。

ただし、よほどひどい相手でない限り、あなたとお子さんを助けてくれる人との関係を断ってしまうのはおすすめできません。

絶対に、「あなたとお子さんだけの孤立した状態」をつくってはいけないのです。**本当に助けが必要なとき、助けを求められる相手がいないと、いちばん我慢を強いられるのは子どもだからです。**

潔い人、頼らない人は素敵に思えるかもしれません。誰かに頼ることなく、バリバリ働き、家のなかはいつもきれい、子どもには愛情たっぷり、というパーフェクトなシングルマザーへの憧れもあるでしょう。

でも、それは幻想です。

本当に素敵な人は、人に頼らない潔い人ではありません。

多少裏切られても、しぶとく関係をつなぐことができるタフな母親（父親）を目指してみてください。誰かの嫌なところを見ても「この人、もう嫌だ！」とすぐに関係を断たないようにしましょう。

「私もダメなところがあるけれど、この人もダメだなあ」と、他人の欠点をある程度受け入れつつ人間関係を維持できるのが、「大人になる」ということです。頼った相手が自分の期待通りに動いてくれなくても、「50点でよしとする」のです。

サポートしてくれる人との関係のつくり方

もし、親があなたの悪口をお子さんに吹き込んでいるならば、「私は何を言われてもかまわないけれど、子どもに私の悪口を言うのはやめてくれるとうれしいんだけど」と繰り返し**「お願い」**をしていきましょう。

学校の先生が期待通りに動いてくれないとしても、「動いてくれたときもあったし、今回も問題の3割は解決したんだからこれでよしとしよう」と考え、たった一度の不満で関係を切ってしまわないことです。

あなたの潔さは、この際、いったん棚上げしてください。

そもそも人を頼れば、100%自分の思い通りにならないのは当たり前のこと。

他人はあなたと別の人間ですから、考え方も違えば、行動パターンも違います。かかわればかかわるほど、「なんでこうしてくれないの？」「こうするのが普通でしょ？」とイライラさせられることが増えていきます。

しかし、あなたとお子さんにとって少しでも助けになるならば、そのやり方を子どもに害がない範囲で受け入れたり、「これだけはやめてほしい」とていねいに繰り返し伝えたりしながら、上手に頼っていきたいものです。

「頼る＝依存」は良くないことではありません。人間はひとりでは生きていけない生き物です。頼ることは生きていく上で必要なことです。とはいえひとりの人にどっぷりと頼ると相手も負担になりがちです。**少しずついろんな人に頼ることができれば、喜んで受け入れてくれる人も増えるはずです。**

ひとりの人に１００％頼りきるのではなく、少しだけ頼る。

思い通りにいかなくても、少しでもプラスになったならよしとする。

その体験を重ねていくことで、頼り上手になるコツを身につけていきましょう。

子どもをひとりにしすぎない

ひとり親でも、夜のシフトや週末出勤を引き受けざるをえないことがあります。

そんなときは、どうしても子どもだけで留守番をさせることになります。

お子さんのためにがんばって仕事をして、帰ってから家事をこなす親御さんには本当に頭が下がります。ただ、それがあまりに長時間だと考えものです。

あなたは何時に家に帰っていますか？

お子さんがまだ小学校低学年なのに、「毎日、夜10時過ぎに帰宅している」というのは、やはり好ましくありません。

「うちの子はちゃんとお留守番できているから大丈夫」と思うかもしれませんが、**お子さんが小学生の場合、親御さんは夜8時以降は家にいるのが理想です。**

親御さんとしては、「もう小学生だから大丈夫。小さい子どもではないから遊ぶ必要もないし、いっしょにいても特に何もしないから」と、安心なさっているのだと思います。

しかし、**「何もしないで親御さんといっしょにいる時間」**は、子どもにとっては大きな心の安定につながるものです。それぞれ別のことをしていたとしても、親子がいっしょの空間にいて、お子さんが何か求めてきたときには、いつでも応えられるようにそばにいることが重要なのです。

高学年になると親御さんとは話をしなくなりますが、親を必要としていないわけではありません。学校で嫌なことがあったときなどに、助けを求めたら受け止めてもらえる。それだけで、お子さんの心の安心につながることを忘れないでほしいのです。

せめて小学生のうちは、できる限り夜８時には家にいたいところです。難しい場合には、育児支援の制度を利用して、子どもが安心できる大人の人といっしょに過ごせるようにしましょう。

公的サービスとしては、1時間800〜1000円（首都圏の場合）で子どもの送迎や預かりをしてくれるファミリーサポートセンター（自治体によって名称や料金は異なりますが、似たサービスはどの自治体にもある）があります。

民間では、ネットを通じて近所の顔見知り同士がつながり、1時間500〜700円で子育てを頼り合う「子育てシェア」（株式会社AsMama）というサービスがあります。会員数は2万人を突破し、全国に広まりつつあります。基本的には顔見知りの会員同士の送迎や託児ですが、支援者が見つからないときは、研修を受けた地域のお世話役であるママサポーターが支援してくれます。

本来は、子育て中の親が早く帰れるよう、企業が取り組んでいかなければならないのですが、昨今の雇用情勢から考えるとなかなか難しいかもしれません。

欧米では小さな子どもに留守番をさせると児童虐待とみなされます。法律で罰せられることもあります。イギリスでは、少しの時間留守にするときも、ベビーシッターが必要です。日本では問題がなくても、世界基準で見ると、留守番は虐待になるのです。（参考文献 https://www.gov.uk/law-on-leaving-your-child-home-alone）

●ファミリーサポートセンター

【お願いできる内容】

・保育所までの送迎を行う
・保育所の開始前や終了後の子どもを預かる
・学校の放課後や学童保育終了後、子どもを預かる
・学校の夏休みなどに子どもを預かる
・保護者の病気や急用などの場合に子どもを預かる
・冠婚葬祭やほかの子どもの学校行事の際、子どもを預かる
・買い物など外出の際、子どもを預かる

【料金】首都圏では1時間８００円くらい（早朝・深夜は１０００円）です。

女性労働協会のホームページ（http://www.jaaww.or.jp/service/family_support/）

で最寄りのファミリーサポートセンターが検索できます。

●株式会社ＡｓＭａｍａ（アズママ）

子育てを助け合う子育てシェアを運営。実際に近隣親子が顔を合わせる交流イベントも全国で行っている。http://asmama.jp/

子どもが子どもらしく過ごせる時間をつくる

親御さんはつい「お母さん（お父さん）も仕事がんばるから、あなたもがんばってお手伝いやお留守番をしてね」と口にしてしまいます。子どもは、生活していく上でのパートナーであり戦友である、という意識なのかもしれません。

ただし、冷静に考えればわかることですが、これは大きな間違いです。

子どもはあなたが守らなければいけない存在であり、対等なパートナーではありません。

もちろん、お留守番やお手伝いによって、子どもの自立心がはぐくまれる面もあります。大人になってから「あの経験があるからいまの自分がある」「親を助けるのが自分の喜びだった」と、子ども時代におこなったお手伝いを肯定的に受け止めているケースもたくさんあります。

しかし、それは「たまたまうまくいっただけ」です。がんばっている親の頼みを断りきれず、イヤイヤ引き受けている子もたくさんいます。特に、お子さんが女の子の場合には、手伝って当たり前という親御さんの思い込みが強いことが多く、「やりたくない」と言い出せないことも多々あります。下に弟妹がいる場合は、なおさらです。もちろん、最低限のお手伝いはさせるべきですし、猫の手も借りたいひとり親家庭であれば、プラスαのお手伝いをしてもらうことも必要でしょう。

大切なのは、**親がお手伝いを頼んだときに「今日はやりたくない」とお子さんが**

言い出せる関係かどうかです。子どもが子どもらしくいられる時間をつくってあげるのは、親の大切な務めです。

とはいっても、家事の手が足りないという場合もあるでしょう。

そんなときは、公益社団法人シルバー人材センターを活用することをおすすめします。地域社会への貢献を目的にしている健康な高齢者が、1時間500円～1000円程度で家事や育児の援助サービスをしてくれます。子どもの預かりだけでなく、掃除や料理、片づけなどもお願いできます。

1男1女をひとりで育てるユウコさんは、仕事が休みの週末に子どもたちの助けを借りながら、家事をまとめてやっていました。ところが、小学3年生の息子さんが「サッカーチームに入りたい」と言いだしました。土日に保護者は当番や試合の応援があるとのこと。悩んでいたユウコさんは、知り合いのシングルママから「シルバーさん」の存在を教えてもらいました。

「狭いアパートなのに、家のことを手伝ってもらうなんて、ダメな母親だと思われそうで抵抗があったのですが、思いきって掃除と夕食づくりで3時間ほどお願いしてみたんです。こんなにも気持ちに余裕が出るなんて思ってもみませんでした。帰ってからご飯のしたくをしなくてすむので、子どもとゆっくり話ができるのと、子どもがやりたいことをあきらめさせずにすむのがうれしくて。月に2回お願いしているので毎月６０００円の出費になり痛手ですが、子どもの喜ぶ顔には変えられません」

必ずしも自分と相性がいい人が来てくれるとは限りません。しかし、こうしたサポートを上手に利用しながら、子どもが子どもらしく過ごせる時間をつくってあげたいものです。

ルーティンの枠から出るために、ハードルを下げる

「離婚してから、自分の人生がなくなってしまった」

という人は少なくありません。

平日は洗濯、料理、仕事、子どもの宿題を見て寝かしつけ。休日はそれに加えて、掃除、買い出し、子どもの習い事の付き添いと学校行事。

「毎日しなくてはいけないこと」（ルーティンワーク）が多すぎて、それだけですべての時間が埋まってしまうと、閉塞感と孤独感を感じ、追い込まれていきます。

この閉塞感は、非常に苦しいものです。しかし、イライラして子どもに当たったり、ウツウツとして笑顔が少なくなってしまうのは、お子さんにとってもよくありません。繰り返しますが、子どもは「お母さんが笑顔でいてくれること」によって

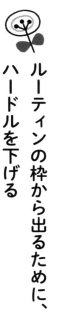

心が安定するからです。

イライラカリカリするお母さんは、多くの場合、「最低限するべきこと」の基準が高かったりします。

そんなときは、**ハードルを少し下げてみてください。**

「子どもにさみしい思いをさせてはいけない」と常に仕事のあとダッシュで帰っているのなら、たまには子どもをベビーシッターや元夫に預けて、同僚と飲みに行ってもいいでしょう。

「子連れで遅くに外食してはいけない」と決めつけるのもやめましょう。「居酒屋はダメだけどファミレスで夜８時までならＯＫ」とハードルを下げ、たまにはママ友と子連れでおしゃべりするのもありなのではないでしょうか。

「最低限」のハードルを下げて

↓

余白時間を生み出し
↓
その時間を「自分がハッピーになるための時間」として使う。

週に1時間でも自分が楽しむための時間を生み出せたら、必ず何かが変わります。ひとりの人間に戻れる時間を持つことは、自分自身のためだけでなく、お子さんにとっても大切なことです。

第3章

離婚したときの子どもへのケア

子どもに
離婚を告げるとき

離婚を決断したとき、それをどう子どもに告げるべきか……。

多くの親御さんは悩み迷います。

子どもに話を伝えるのは、できれば、**父母いっしょにいる場面**が望ましいでしょう。子どもが「裏」を探らずにすみますし、離婚するとしても、自分の「親同士」として、最低限必要な信頼関係は保たれていると感じることができるからです。

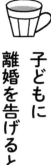

では、どうやって話を切り出すか？　茶化したりせず「大事な話があるんだ」と穏やかに切り出しましょう。このひと言で、子どもは心の準備ができるのです。

親にとっては話し合いを重ねた上での決断ですが、子どもにとっては青天のへきれきです。ふだんの様子から「パパとママは仲良くないのかも……」と思ってはいても、まさか離婚するなんて思っていない子どもが大半です。いきなり「別れることになったから、ママといっしょに来て」では、大きなショックを受けるのが当然です。

離婚の話を切り出すときいちばん大切なのは、次の2点です。

①はっきりと言葉にして「離婚するのはあなたのせいではないの。お父さんとお母さんの都合なんだよ」と伝える

②離婚しても親子関係はこのままであることを伝える

「実はパパとママ、離婚しようと考えているんだ。でもね、ここはしっかりわかってほしいんだけど、離婚するのはケンちゃんのせいじゃないよ。パパとママの都合なんだ。別れてもパパとママがあなたの親であることに変わりはないよ。パパとママとはこれまで通りだよ」

離婚の際、多くの子どもは、**両親の離婚をなぜか自分のせいだと思い込みます。**

そして、「ぼくのせいで離婚になっちゃった。ママごめんね」と自分を責め、ひとりで小さな胸を痛めています。

親としては、「そんなはずないのに」と思いますが、子どもは自分のせいにしてしまうのです。

なぜでしょうか。

子どもには自分の身の回りで起こったことを、自分と結びつけて考えるところがあるからです。楽しみにしていた遠足の日に雨が降ると、「私がいい子じゃなかったから?」とつぶやく子どもの姿を見たことがあるのではないでしょうか。わが身に降りかかった悪い出来事を、「自分のせいだ」と自分への罰のように考えてしまうのです。

ですから、必ず**「あなたのせいではない」**と明確に言葉で伝える必要があります。

「なんとなく雰囲気でわかってほしい」「言わなくてもわかるでしょ」などとは、絶対に思ってはいけません。

曖昧な伝え方のせいで、下手すると、子どもは何年ものあいだ、悩むことになるからです。しっかり言葉で伝えた上で、年齢に応じたわかりやすい言葉で、離婚の理由を説明してあげてください。

そして、

「パパとママのせいでつらい思いをさせてごめんね」

としっかり謝りましょう。「悪いことをしているわけではないから謝らない」という親御さんもいますが、**子どもにとって離婚は迷惑なことです。**お子さんに迷惑がかかることをしているのです。親御さんは明確に謝ることです。「悪いと思ってるなら離婚しないで」と言ってくるかもしれません。しかしそれは一時的なこと。

むしろ、明確に謝ることで「親は、私のつらい気持ちをわかってくれている」と安心できます。

悪口を言わない

離婚理由をどこまでどんなふうに子どもに話すべきかは、頭の痛い問題です。これは子どもの年齢や性格によっても違ってきます。

特に、小4から高2くらいまでのお子さん（思春期の子ども）に、浮気や不倫などについて説明するのは、控えたほうがいいでしょう。まだ理解するのは無理があり、混乱するだけです。もちろん、何歳まで控えたほうがいいかは、その子の考えの潔癖さ、柔軟性などによって違ってきます。判断に迷う場合は言わないでおくほうがベターです。

離婚理由の説明のポイントは「相手の悪口を言わないこと」です。

とはいえ、これはとても難しいことです。特に浮気やＤＶ、借金など、ネガティブな要素がからんでいるときは、「お父さんが借金をしたせいで私たちはこんな目に遭っている」などと、つい憎しみが口を突いて出てきてしまうこともあるでしょう。

どんなに相手に非があっても、**子どもに流れている血の半分は、もう一方の親であることを忘れてはいけません。**相手を貶《おとし》めることは、子どもを否定するのと同じです。

また、離婚するパートナーを非難する言葉を子どもに言うと、お子さんは「ママのためにも、パパに会いたいなんて言っちゃいけないんだ。我慢しなくちゃ」と思って会うのを拒むようになりがちです。これは、結果的に、お子さんからひとりの親を奪うことになるのです。くれぐれも軽蔑や憎しみの言葉を使わないよう心がけましょう。

「パパとママは別々に住むほうがいいってことになったんだよ」

「考え方が違ったから、いっしょに住めなくなって離婚することになった」

など、相手を非難しない説明をしたいところです。

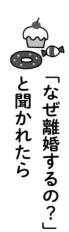

「なぜ離婚するの？」と聞かれたら

親の離婚を経験した子どもたちのなかには、「パパとママは仲良くできなくなったと説明されましたが、ぜんぜん納得できませんでした」と言う子もいます。小学3年生のとき両親が離婚したヒトミさんもそんなひとりです。

「まず、離婚すると聞いたとき、『なんで⁉』と衝撃を受けました。離婚をまったく予測していなかったので、それまでのあらゆる記憶を引っ張り出して、思い当たることを探しました。でも、全然わからない。理由を聞かないと到底納得できなかったので、母にしつこく聞きました。なかなか教えてくれなかったのですが、ついに『お父さんに好きな人ができたから』と打ち明けてくれました。その瞬間、『あ、それならしかたがないな』とスーッと腑に落ちたんです。

まだ8歳でしたが、母が言いづらかった理由もわかり、母に申し訳なく思いました。私やお母さんよりその人のことが好きなんだと思うと悲しかったですが、理由を聞けたのはよかったといまでも思っています」

子どもがなぜ離婚するのかと聞いてきたら、ごまかしたり、ウソをついたりすることはやめてください。「お父さんはちょっとのあいだだけ離れて住むことになった」「お父さんは遠くに行ってしまった」といったウソやごまかしは、あなたに対する不信感を大きくするだけです。

相手への憎しみや軽蔑のニュアンスが出ないよう気をつけながら、

「ママはすぐ怒るから、いっしょに暮らせなくなった」
「パパがお金をたくさん借りて返せなくなった」
など、ありのままの事実を子どもに伝えましょう。

もし、突然理由を聞かれて動揺し、別れた相手への憎悪が口からバーッと出てしまいそうになったら「話すけど、心の準備をするからちょっと待って」と、いったんトイレや別の部屋へ行くなどして、子どものそばを離れましょう。数回ゆっくり深呼吸をして、気持ちを落ち着け、冷静さを取り戻してから話すようにしてください。

話しづらい事柄を話すときは、やさしく落ち着いた雰囲気で話すのが基本です。

家ではなく、カフェやリラックスできる場所を選んで、おいしいものを食べながら話してもよいでしょう。

子どもの生活環境が変わらないことを第一に考える

離婚後の生活は、可能な限り親の都合ではなく、子どもを中心に考えていくべきです。

日本では、離婚については大人中心に事が運びがちです。無意識のうちに、子どもを親の付属物として扱ってしまい、子どもが口を挟む余地がなくなってしまうことが多いのです。

もちろん、親のほうも離婚で精神的に追いつめられ、相手へのわだかまりがあるなかで「子どもの心」のことに考えが及ばなくなってしまいます。

実は、離婚した子どもがまず考えるのが、

「自分の生活はどうなるのか」

ということです。

お父さん、お母さんのどちらかと暮らすことができなくなる上に、たとえば、引っ越しせざるをえなくなるのではないか、そうしたらお友だちとも会えなくなるのではと心配になるのです。

離婚によって子どもが失うものを最小限にとどめましょう。親の離婚とともに、友だちとも別れることになるのはあまりにつらすぎます。

子どもは心のなかで「いまの生活を変えたくない」と思っています。口にしない場合でも、「大変そうな親を見て、何も言えなくなっている」だけなのです。

子ども目線で説明すると、「お父さん（お母さん）がいなくなっただけで、また定期的に会える」状態が理想です。名前が変わる、引っ越し、転校、きょうだいや友だちとの別れなどの**変化は、できる限り少なくするほうがいいのです。**

大人であれば「心機一転」、何もかも変えてスッキリしよう、と考えることもで

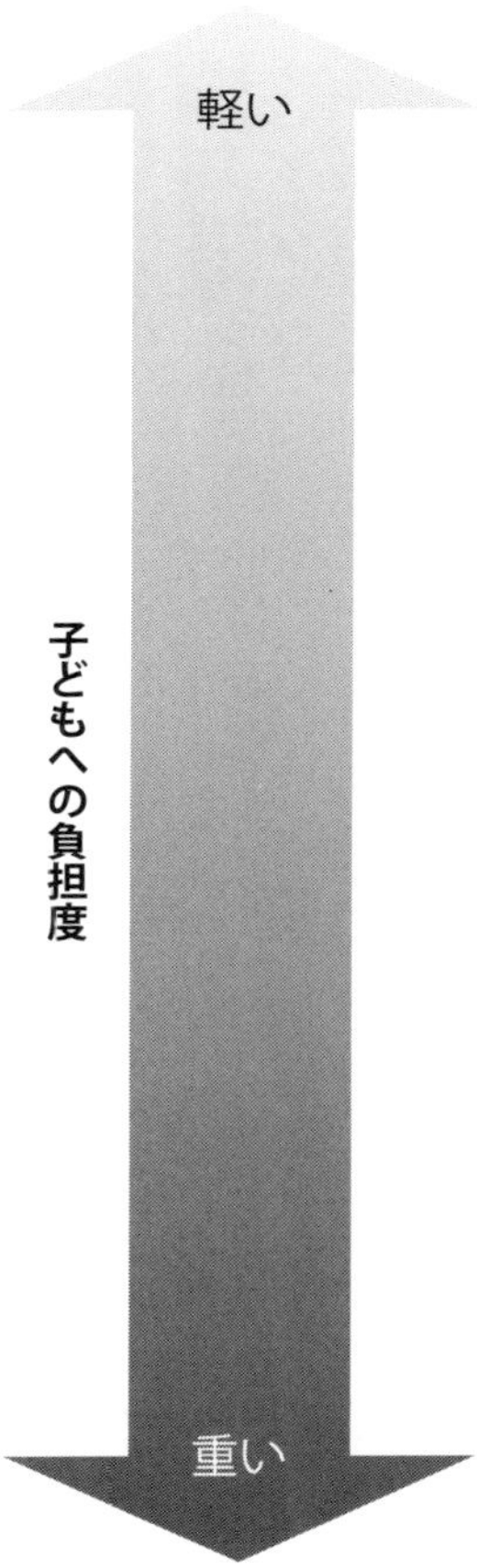

●片親がいなくなるだけ

住む場所、きょうだい、名前、学校生活環境は変わらない。「お父さん（お母さん）がいなくなっただけ」で、「定期的にお父さん（お母さん）と会える約束もできている」状態

↓

●学区内への引っ越し

学校生活環境は変わらない。「お父さん（お母さん）がいなくなり、住む場所も変わったけど、学校や友だち、名前は変わらない」状態

↓

●学区外への引っ越し＋名前の変更

「お父さん（お母さん）がいなくなった。住む場所も変わり、学校も友だちも習い事も変わった。名前も変わった」状態

↓

●学区外への引っ越し＋名前の変更＋きょうだいとの離別

「お父さん（お母さん）がいなくなった。住む場所も、学校も友だちも習い事も変わり、名前も変わった上に、きょうだいとも離れて暮らすことになった」状態

きますが、子どもはそういきません。

子どもをありのまま受容する力は、一般的にはお母さんのほうが発揮しやすいので、きょうだいがいる場合も、できればお母さんが全員引き取ったほうが子どもへのダメージは少なくてすみます。

きょうだいと離れて暮らすようになるのは、子どもによっては、親との別れ以上に大きな「変化」です。小学校を卒業するときに上の子がお父さんのところで暮らし始めるなど、変化するにしても「徐々に」のほうがいいのです。

夢ばかり追う同い年の夫を経済的に支えるのに疲れて、離婚したユキさんは、実家のそばに家を借りて、母の手を借りながら小学生の息子さんを育てることにしました。「家も学校も変わることになってしまい、息子に申し訳なくて。せめて苗字くらいは息子の希望をかなえてあげようと、『どうする?』と聞いてみたんです。結局、息子が『変えたくない』というので夫の姓を名乗り続けることにしました。

正直、私は顔も見たくないほどイヤになって別れたので、苗字は変えたかったんですが、これぱっかりはしかたがないですね」

子どもの願いをすべてかなえることは到底できません。きょうだい全員を引き取るのは、経済的に難しい場合もあるでしょう。ただ、どんな決断をするときにも、

「子どもの気持ちに配慮し、子どもの気持ちを確かめているか」

「できるだけ子どもの生活環境を変えない配慮をしているか」

と自問自答するのを忘れないようにしましょう。

子どもに決断を迫ってはいけない

「詳しいことは覚えていないのですが、父親から『お母さんとお父さん、どっちと暮らす？』と聞かれことは、いまでも記憶にあります」

小3のとき父親の浮気や嫁姑問題で両親が離婚し、母親と暮らすことになったヒロユキさん（25歳）。幼かったため、離婚理由を説明されたかなど、詳しい経緯は忘れてしまったといいます。しかし、父母どちらと暮らすかを選ばされたというのは、強烈な記憶として残っているそうです。

離婚するとき、してはいけないのは、「離婚してもいい？」「あなたのためにパパと別れようと思うけど、どう思う？」

などと、子どもに離婚していいかどうかの選択を迫ることです。

これだけは絶対にしないでください。子どもの意に沿ういい親に見えるかもしれませんが、**子どもに離婚するかどうかの決断をさせるのは、親の責任放棄です**。子どもにはあまりに重すぎますし、どう決断するにせよ、その後苦しみ続けることになります。「自分が離婚を決めた」ことに、罪の意識を抱き続ける子もいます。離婚はあくまで親の都合でするのです。

「パパとママ、どっちと暮らしたい？」と子どもに決めさせるのも、よくありません。子どもの答えは「パパとママ両方といっしょに暮らしたい」に決まっているのですから。

「経済的にはパパといたほうがいいかもしれないけれど、私も子どもと離れたくない」

「私が引き取るしかないけれど、ひとりでやっていけるか自信がない」

と決めかねて、つい子どもに決断を委ねてしまいたくなる気持ちもわからないではありません。

親が決めたあとに、それで子どもがいいかどうか確認することは大切です。

「お母さんといっしょに暮らしていくことにして、お父さんとも1週間に1回くらい会えるけど、それでいいかな？」

しかしこれは、「確認」であって、「決断」ではありません。

決断＝責任です。重すぎる責任を子どもに負わせてはいけません。

何年か経ったあとで、「これでよかったのか」「本当はママはぼくと暮らしたくなかったのかな」と苦しむこともあります。

すでに離婚している方で、離婚の際「お父さんとお母さんとどっちと暮らす?」と子どもに聞いてしまった方もいるでしょう。その場合も、取り返しがつかないということはありません。子どもから離婚の話をしてくることがあれば、「あのときは大変なことをさせてしまったね、ごめんね」と謝りましょう。「過去のことだし、いまさら……」などと思わないでください。「あのときは、ごめんね」と言葉に出して、きちんと謝るのです。

これですべてが許されるわけではありませんが、子どもは「自分のつらさをわかってくれたんだ」と少し気持ちがラクになるはずです。さらに、誤りを認めて向き合おうとする親の姿に、子どもは「失敗してもやり直せる」という勇気をもらうことができるのです。

きょうだいが離れ離れになってしまったら

離婚のとき、経済的な理由などから兄が父親、幼い妹が母親に引き取られるなど、きょうだいが別れ別れになってしまうこともあるでしょう。

仲がよかったきょうだいであるほど、別れ別れになる傷は大きいものです。また、**特に母親に引き取られなかった子どもは「弟は母に選ばれたけど、自分は選ばれなかった」「自分だけ母に捨てられた」という思いを持つこともあります。**

離れるお母さんは、「○曜日には会えるからね」と、面会交流の日を子どもにわかるように決め、別れる子どもに具体的に伝えましょう。「お母さん、本当はあなたともいっしょに暮らしたいけど、弟はまだ3歳だし、お金がなくてどうしてもお父さんにお願いしなくてはならなかったの」と**離れる理由をきちんと伝えて、「心**

理的に見捨てたのではない」ことをしっかり言葉にして伝える必要があります。

できることなら、可能な限りきょうだいを離れ離れにすることは避けたいものです。

きょうだいが離れて暮らすことになった場合は、きょうだい同士の定期的な面会交流を持ったり、誕生日をいっしょに祝うなどの配慮をしてあげられるといいですね。

離れて暮らしている子どもとお母さんと**2人っきり**で遊ぶ時間をつくってあげることも大切です。この時間が「お母さんは、ぼくのことも大切に思ってくれているんだ」という気持ちを伝えるのに役立ちます。

お子さんが友だちや先生に対して細かい説明をしなくてすむように、親御さん自身が学校の先生や周囲に「兄は父親と暮らしている」とオープンにしておくことが理想です。

ひとり親家庭のきょうだい関係

私はきょうだいを持つ親御さんに、

「みんな平等、ではなく、**一人ひとりを絶対的にえこひいきしてください**」

とアドバイスしています。

「お母さん、○○ちゃんのこと、世界でいちばん大好きだよ」

「お母さん、○○くんのこと、宇宙でいちばん大切」

と伝えていくのです。

ウソではありません。これは、絶対的な「心の真実」です。

しかし親は、どうしても自分に協力的な子や相性がいい子のほうと仲良くしがちです。そうなると、ほかの子は、「どうせぼく（私）なんて……」と自分を否定す

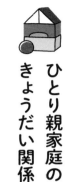

るようになってしまいます。

「お母さんがダメでもお父さんがいる」

「お父さんがダメでもお母さんがいる」

と思えないひとり親家庭では、きょうだい間の勝ち負けがはっきりつくため、負けたほうが深く傷ついてしまいます。

きょうだい間の競争を、心理学では「**シブリング・ライバリティ**」と言います。

「きょうだいと比べて、私は愛されていない」という思いほど、子どもが心に重く引きずるものはありません。

「自分よりきょうだいのほうが、親に愛されている」という思いは、強い自己否定感を生み出します。多くの場合、その思いは一生――その子が50歳になり60歳になっても――続きます。

親としては「単なる違い」を見ているだけでも、親の愛を独占したい子どもにとっては、「兄に比べて自分は……」「妹のほうが好きなんだな」ときょうだいと自分を比べます。そのダメージが非常に大きいのです。

「上の子はおとなしく、何を考えているかわかりづらい。下の子は活発で天真爛漫《てんしんらんまん》。正直、下の子のほうが私と相性がいいんです」と話してくれたのは、中１と小４の女の子を育てるヨウコさん。最近、上の子が「私は〇〇（下の子）より顔もかわいくない。私なんていいところないでしょ」と言ってくるといいます。

「そういうとき、何て答えていいのかわからなくて……。上の子を不憫《ふびん》に思うけれど、自分の心を見透かされているようでドキドキしてしまう自分がいます」

お子さんの幸せを考えるなら、

「何バカなこと言ってるの！　すっごくかわいいよ！　お母さん（お父さん）はあなたのこと、世界でいちばん大好きだよ」

と言ってあげましょう。「どっちも大切に決まってるでしょ」では、お子さんは満足しません。どの子も「自分が親からいちばん愛されている」と感じることができる子育てが、最高の子育てなのです。

ひとりっ子でも大丈夫

ひとり親家庭で、お子さんがひとりっ子の場合、「ひとりぼっちでかわいそう。きょうだいでもいれば、心強いのに」と感じる親御さんは多いものです。たしかに、離婚によるさみしさや不安を共有できるきょうだいがいるに越したことはありません。

しかし、きょうだいを知らないひとりっ子は、ひとりでいるのは子どものころから得意です。特にさみしいと感じたことはなかったのに、「きょうだいがいなくてさみしいね。ごめんね」と、親から言われることで、子どもはつらくなってしまいます。つらい思いになるのは、ひとりっ子であるという事実ではなく、「ひとりっ子は、さみしくてかわいそうなんだ」という親の思いが伝わるからです。

私がカウンセラーとして30年近く活動してきた経験から言えることは、一生懸命生きているのに、いつも「不幸になるクセ」がついてしまっている、そんな人の多くは、子どものころから「ほかのきょうだいと比べて、私は両親から愛されていない」という思いを抱いている、ということです。

前著『ひとりっ子の育て方』に詳しく書きましたが、**親の愛を独り占めできるひとりっ子は、この子育て最大のリスクを回避できる、**というメリットがあります。これは、どれほど強調してもしすぎることのない、ひとりっ子の最大のメリットです。

未婚や胎児離婚の事実はどう伝える？

物心つく前から、ひとり親家庭で育った子どもは、別れて暮らす親がどんな顔をしているのか、自分に似ているのか、背は高いのか低いのか、美人なのかイケメンなのか、想像をめぐらせます。「どうして別れてしまったんだろう。ぼくのことがかわいくなかったのかな」などと考えることもあります。

自分のルーツを知りたいのはとても自然なことです。私たちは、「自分とは何か」を考えることで、自己を形成していきます。特に思春期、青年期には、多くの人が自然と抱く思いです。

こうした真剣な思いに対し、

「子どもはそんなこと知らなくていい」

「パパ（ママ）は死んでしまった」

といった中途半端なウソやごまかしをすると、子どもを深く傷つけてしまいます。

「パパとは別れて暮らすことになったんだけど、マーくんが生まれてきてくれてうれしかったよ」

「パパのことが大好きだったから、マーくんに生まれてほしくて産んだんだよ」

ときちんと言葉にして伝えましょう。
写真を見せながら、父親がどんな人なのかを話したり、出会ったころのことを話したりできるといいでしょう。

自分は望まれて生まれてきた。
パパとママが愛し合った結果、生まれてきた。

その事実を知ることがお子さんの生きる力となっていくのです。

ケイコさんは、妊娠中に婚約者とうまくいかなくなり、未婚で息子さんを産みました。息子さんに父親のことを話すきっかけとなったのは、保育園のお迎えに行ったとき、ほかの子どもたちから、「どうしてマーくんの家はお父さんがいないの？」と聞かれたことだといいます。
「息子が心配そうに私の顔を見ていたので、ここで変にごまかすと息子の友だち関係にも影響が出てしまうと思い、『お父さんはいるよ。いっしょに住んでないだけだよ』とありのままを言いました。息子が家に帰ってから『お父さんがいるのになんでいっしょに住まないの？』と聞いてきたので、お父さんと愛し合ってマーくんを授かったこと、結婚しようと思ったけど考え方が合わなくなって、お父さんは遠くに行ってしまったことを話しました。どこまで理解したかはわかりませんが、息子との心の距離が縮まったように感じます」

いずれ、お子さんから「お父さんはどこにいるの？」「会ってみたい」と言われることもあるかもしれません。元パートナーには、引っ越しなどをしたときには、必ず新しい住所を伝えることを約束しておくべきです。あなたが連絡を取りたくなくても、お子さんが連絡を取る必要が生じるかもしれないからです。また、もうひとりの親の居場所や連絡先がわからなくなっていても、

「会いたいなら探してみようか」

「会えるかどうか聞いてみようか」

と、お子さんの願いをかなえてあげる姿勢を見せてあげてください。たとえ結果が思うようにいかなくても、お子さんはその努力に大きな愛情を感じることでしょう。

このように別離した親に会いたくなる気持ちは、思春期以降により強くなることが少なくありません。それは、この時期には**「自分とは何か」というアイデンティティを問う気持ちが強くなり、自分の親がどんな人かを確かめたくなるのです。**

子どもが別れた親に「会いたい」という意思表示をしてきたときは、相手の状況や性格（人間としての思いやりを発揮できる人かどうか）を考慮して、会わせるかどうかを決めることです。

別れた親と子どもが会うことで、あなた自身がどういう気持ちになるかも重要です。ただでさえ、お子さんの心は離れた親と会うことで揺れています。**揺れるお子さんの気持ちに寄り添う「余裕」をあなた自身が失わないことが大切です。**

離婚後の家族のあり方

離婚して夫婦関係は終わっても、子どもを介した家族としての関係は続いていきます。その折、

「パパのことを話すとママの機嫌が悪くなる」

「ママのことを話すとパパの機嫌が悪くなる」

という状態では、子どもは常に両方の親の顔色をうかがうことになります。これでは安心して生活することはできません。もう一方の親と会うたびにママ（パパ）の機嫌が悪くなっていると、子どもは「もうパパ（ママ）とは会いたくない」と言い始めます。しかし実は、あなたに機嫌が悪くなってほしくないだけなのです。

子どものためにも親同士は憎み合っていないのが理想です。最低限の連絡を取り合える関係であることが望ましいでしょう。離婚後、パートナーとやり取りをして

いく上で、次の２つのことを心にとめ置いてください。

①夫婦ではない新しい関係を築いていく

②その関係を子どもを育てるパートナーとしての、無理のない信頼関係にする

別れた相手との信頼関係を築いていくのは、なかなか難しいことです。「信頼できないから別れたのに！　きれいごと言わないでよ！」という気持ちになられた方もいるかもしれません。

ただし、子どもの親として、無理のないやり方でゆるく穏やかにつながっていきたいものです。

別れたあとの関係に、これが正解というものなどありません。それぞれの家族が、自分たちなりの新たな家族のあり方を模索しています。いくつかのケースをご紹介しましょう。

●離婚後も近所に暮らす

「元夫とはケンカばかりの日々で、顔も見たくないほどでした。ただ、私は残業がある職場ですし、学校行事に向こうが参加するにも、近くに住んでいたほうがいいかと考え、子どもが歩いて行き来できる距離に住んでもらうようにしました。他人として接することで、お互い気をつかい合えるようになり、夫婦でいたときよりも関係は良くなりました。子どもにとっては日常的に父親とも会えるので、離婚のダメージも少なかったようです」

●面会交流を通して友好関係をキープ

「最初は、面会交流に子どもが出かけていくと、帰ってこないのではないか、子どもをとられてしまうのではないかと不安でした。元夫が急な仕事で面会交流をドタキャンして子どもがひどく落ち込んでしまうなど、いろいろ問題も起きました。でも、離婚から2年経ったいまは、月に1回から2回の面会交流を通して、落ち着いた関係を築けています」

●冷却期間をおいて、交流が復活

「私へのＤＶで離婚し、子どもも望まなかったので、面会交流はしていませんでした。ただ、高校生になったとき、一度父親に会ってみたいと言いだしたので、私の父親（子どもの祖父）に立ち会ってもらい、会うことになりました。会話はぎこちなかったようですが、誕生日を覚えていたこと、耳の形が自分と同じだったことがうれしかったようです」

　こうした成功例に共通するのは、元夫（妻）と、

①無理のない範囲で

②できる限り一定のペースを守って

関係を取り合っていく、ということです。

子どもが中学生になると、部活や友だち関係で忙しくなり、会う回数は減っていきます。さらに子どもが社会人になると、自らの意思で別れた親と連絡を取り始めることもあるでしょう。

いずれの場合も「子ども本人の意思（気持ち）」を何より大切にして、面会交流の頻度や方法を決めることが重要です。

「会いたいときに会える」と伝え続ける

「離婚したあとも親子であり続ける」ことは、養育費とともに「子どもに与えられた権利」です。離婚したからといって、もうひとりの親とは会わせないというのは、「子どもから親を奪う暴力的行為」です。

親の感情で「会わせる、会わせない」を決めるのは間違っています。子どもが会うことを望んでいるなら、会わせたほうがよいでしょう。そして、そうできているならば、

「もうひとりの親と会い続けるのは、子どもが一人前になるために必要なこと。自分は子どものために親の責任を果たしているんだ」

と、自分で自分を褒めてあげましょう。

頭ではわかっていても、もうひとりの親と会いに行く子どもに、「お父さんのところに行くと、だらしなくなるからイヤだわ」などと嫌みを言ってしまうことがあります。

すると子どもはいっしょに暮らす親の気持ちを察して、本当は会いたいのに「会いたくない」「会わなくていい」と言い始めます。あなたのふだんの口ぶりや態度から、本当は会ってほしくないと思っていることを読み取る子もいます。

子どもにとって、目の前にいる親は、自分が生きていくためにいい関係を保つ必

要のある存在です。**子どもは目の前にいない親よりも、目の前にいる親の気持ちを優先します。**

もちろん、子どもが「会いたくない」「会わなくてもいい」と言っているなら、無理やり会わせるようなことはしてはいけません。あくまで子どもの意思を尊重しましょう。

また、離婚前に大声で怒鳴っている姿などを見て、別れた親に対して「怖い」「会いたくない」という思いから、会うのを望まない子もいます。

大切なのは、

「ママとパパが別れても、あなたとはずっと親子だよ」

「いつでも会いたいときに会えるんだよ」

と伝え続けることです。

一度「会いたくない」と言ったからといって、別れて暮らす親と会えなくなるようなことはしないでください。

「会わせたくない」と思う気持ちが消えないとき

「別れた夫（妻）に子どもを会わせたくない」という気持ちが消えないときに、大切なのは、なぜ会わせたくないのか、**気持ちを一つひとつていねいに仕分けしていくこと**です。

「会わせたくない。とにかく嫌だ」と、感情をすべていっしょくたにしてしまうのではなく、何が嫌なのか、ノートに書き出していくのです。

たとえばこんなふうなやり方です。

・**とにかく大嫌い。相手が憎い。顔を見るのも嫌だ**

↓子どもではなく自分自身が相手と顔を合わせるのがストレスになっているのなら、

自分は顔を合わせないで子どもと元夫（元妻）を会わせる方法を考える。

・「ふだんの世話は私に押しつけて、土日だけいい顔をするのが我慢できない」と感じる

↓「3カ月に1回でもいいから平日に預かってくれると、私も休めるのだけれど」と具体的にお願いしてみる。

・自分の悪口を言われるんじゃないかという不安がある

「子どもとのいい関係を続けるために、お互いに悪口は言わないと約束していただけませんか」と提案する。約束した内容を文書にしておく。次に会ったとき、約束を守れたかどうか、確認する。

「面会交流」。日本の遅れと世界の常識

世界を見渡すと、離婚後も共同親権制を採用している国が圧倒的に多いです。北米、南米、ヨーロッパ、オセアニアのほぼすべての国に加えて、中国と韓国でも共同親権制をとっています。

これらの国では、「別れても2人で育てていくこと」が基本になっています。

大正大学の青木聡教授によると、アメリカの面会交流の基本プラン（アメリカでは「子育て時間 parenting time」と呼ばれます）は、州によって若干の違いはあるものの、隔週2泊3日もしくは隔週3泊4日となっていて、別れた親とも少なくとも年間100日以上いっしょに過ごすことになっています。夏季休暇中は2週間

いっしょに過ごします。

これは、**離婚後も2人の親の双方が積極的に子どもにかかわることが、子どもの心の育ちにとって最も良いことがわかっているからです。**（参考文献／青木聡　アメリカにおける面会交流の支援制度／大正大学カウンセリング研究所紀要、35　35－49　2012年）

日本でも、青木教授の調査によって、面会交流のあった子どもは、面会交流のなかった子どもに比べて、自己肯定感が高くなることが示されています。

2014年、日本においても親子断絶防止議員連盟が結成されたりと、ようやく前進の兆しが見えます。しかし、「月1回2時間程度」が当たり前になっている日本の慣習は、世界的に見れば著しく低い数字です。これでは、1年間の合計でわずか24時間にしかならず、アメリカの100日に比べると、あまりに大きな違いです。この悪しき慣習によって、実質的に子どもから片方の親を奪ってしまっているのです！

離婚後、すでに新しいパートナーがいて、離婚相手と交流を続けることが難しいと感じている人もいるでしょう。新しいパートナーに気をつかっているのです。

大切なのは、新しいパートナーに「愛しているのはあなただけで、以前の夫（妻）とは男女の関係はないこと」「あくまで子どものパパ（ママ）として会っているだけ」であることを説明することです。あとになって感情のもつれを起こさせないためにも大変重要なことです。

冷静に話し合いができないときは、ＡＤＲを活用する

離婚のあと、感情的になってしまい、話し合いが行きづまったまま前に進まない……ということがよくあります。

そんなとき活用してほしいのがＡＤＲ（Alternative Dispute Resolution＝裁

判外紛争解決）です。行政書士、弁護士などが、裁判による法的な解決ではなく、「話し合いでの解決」のお手伝いをしてくれるのです。

- **相手と直接交渉していても感情的になってしまってラチがあかない**
- **裁判をする時間も費用もない**
- **専門家にあいだに入ってもらうことで、安心して話し合いをしたい**

といったケースで利用されています。

費用はさまざまですが、数千円〜数万円程度が一般的です。「ＡＤＲ離婚」「離婚 行政書士」などとネット検索をすると専門家が見つかるでしょう。

別れて暮らす親にお願いするときの3つのポイント

別れたパパ（ママ）と子どもを会わせていると「向こうの家で宿題をやる約束だったのに、遊ぶだけで、宿題をやらずに帰ってくる」といったことがよく起きます。送り出した親としては「そんなことなら、もう会わせない！」と思うこともあるでしょう。

そんなときは相手に改善をお願いするかたちで解決を図りましょう。その際のポイントは「**感情的になって相手を責めない**」ことです。具体的には、次の3つがポイントです。

①相手をリスペクトしながら

②お願いする言い方で
③抽象的な「思い」ではなく、具体的にしてほしい「行動」を伝える

「いい加減にしてよ」「常識がない」といったなじるような言い方だと、相手はますます意地になるでしょう。「相手のせいで離婚したのに、どうして尊重しながらお願いしなければならないのか」とイライラ、ムカムカする気持ちがわくかもしれませんが、「何のためにお願いするのか」その目的を思い出しましょう。**目的は、子どものために面会交流をより良いものにすることです。**

また、「もっと私の気持ちを考えてください」などと抽象的な要求をしても、相手は責められた感じがするだけで、解決しません。こんな具合にお願いしてみましょう。

「お願いがあります。子どもに、『お前の悪いところはお母さんに似たんだな』と言うのは、たとえ冗談だとしてもやめてください。よろしくお願いします」

このように①ていねいな表現で、②何をしてほしくて、何をしてほしくないのか具体的に、③できるだけ短く、④文書（メールやメモ）で伝えていくことです。

一度トライして約束が果たされなくても、怒ったり諦めたりせず、「何度も言って申し訳ないんだけど」と粘り強くお願いしましょう。

具体的に言わなくても、少し文句を言えばわかってくれるはずだというのは通用しません。

子育てのパートナーとして、相手をリスペクトしながら具体的にお願いする。

子どもの幸せのために、ぜひこの方法をマスターしてください。

子どもが復縁を願うときは

離婚したあとも週に1回は家族で食事をする、小学校を卒業するまでは離婚後もいっしょに生活している、といったスタイルを取る方も増えています。

いっしょに過ごす時間が多いのは素晴らしいことですが、

「パパとママ、仲直りしたの？」

「また前みたいに、みんなでいっしょに住みたいな」

と子どもが口にすることがあります。


こんなとき大切なのは「そうかな。そう思うかな」と復縁を願う子どもの気持ちを認めた上で、「ごめんね。それは無理なんだ」と明確に伝えることです。慌てて「それはないよ」「できるわけないでしょ」と怒って否定したり、「いっしょに住まなくても会ってるでしょ」とごまかしたりしないことです。

別れて暮らす親が面会交流を拒否する場合

「もう再婚して新しい家庭を持ったから」

「いままでしてきたことを考えると、自分には父親（母親）の資格がないから」

「正直、子どもに愛情がない」

子どもが面会交流を望んでも、別れて暮らす親が、さまざまな事情から面会を拒否することもあります。

このとき、ついカッとなって、お子さんに「もう新しい奥さんができたから、あなたには会いたくないんだって」「もう、あなたのこと愛してないらしいよ！」と腹いせに言いたくなるかもしれません。

しかし、ここは子どものため、グッと抑えましょう。

そのまま伝えてしまうと、子どもにとってあまりに大きな心の傷になります。何年経っても修復できない心の傷になることも少なくありません。

「パパ、いま仕事が忙しいから会えないんだって」

と、しばらく会えないことだけは伝えましょう。ここで真実を伝えすぎるのはよくありません。

そして、数カ月経ったくらいのところで、子どもが会いたがっていることをもう一度かつてのパートナーに伝えてみましょう。

親子は親子です。時間が経てば、気持ちも変わり、会いたいという気持ちが芽生えることも少なくありません。

離婚や再婚は、できれば9歳までか17歳以降に

「9歳の壁」という言葉をご存じでしょうか。多くの子どもが悩みを抱え始めるのが9歳前後なのです。

勉強についていけない子どもが、目立って増えてくるのも9歳前後です。また、友だちにどう見られているかを気にしたり、自分と他者を比較して劣等感を抱いたりするようになるのもこの頃です。その後思春期に入り、高2（17歳）くらいまで

は、子どもとも大人ともつかない、心が不安定な時期を過ごします。

子どもが9歳～17歳くらいの時期の離婚や再婚は、ただでさえ不安定な子どもの気持ちをさらに不安定にしてしまいます。

離婚や再婚は、可能な限り9歳（小3）まで、もしくは思春期が終わった17歳（高2）以降にするのが理想です。

小5のとき両親が離婚し、4歳年下の妹とともに母親と暮らしてきたアヤコさん。高1のときに母親が再婚したのですが、「妹が新しいお父さんにすぐなじんでしまったのが許せなかった」といいます。

「妹は離婚当時小1で、父の顔をほとんど覚えていないんです。だから、新しいお父さんが来たときにすごく喜んでいて。私は本当のお父さんの記憶もあるし、そうすぐには気持ちを切り替えられませんでした。心のなかで妹を『裏切り者』と思いつつも、うらやましくもありました」

子どもの年齢によって離婚や再婚の受け止め方は大きく違ってきます。

もちろん、成長には個人差がありますので、あくまで目安として考える必要はありますが、小3、4くらいから高2までの思春期に新たなパートナーといっしょに暮らし始めるのは、子どもにとって大きな心の負担となることになります。**特に女の子にとっては、知らない男性が家のなかにいることで常に緊張を強いられ、家での居場所をなくしてしまいがちです。**慎重に考えたいところです。

第４章

死別の悲しみを乗り越える

幼い子どもに病気を告げるとき

本書を手にされた方のなかには、パートナーが闘病中で「もしかしたらひとりで子育てをすることになるかもしれない……」と考えている方もいるかもしれません。これを子どもにどう説明するかは、たいへん悩むところだと思います。

手術や治療で髪が抜けたり、容貌が変わったり、意識がもうろうとしていたりする場合、子どもがショックを受けるから、会わせていいものかどうか、あなた自身が迷ってしまうこともあるでしょう。

しかし、自分の知らないうちに愛する人が目の前から消えてしまう悲しみに、大人も幼い子どもも違いはありません。

お子さんがどんなに小さくても、

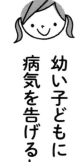

「病気なんだよ。でも心配しないで。お医者さんといっしょにがんばってるから」「髪の毛は抜けちゃったけど生えてくるからね」などと説明してあげてください。病気の事実を知り、病気の親とともに喜びや悲しみを共有することが、子どもと家族のいちばんの思い出になります。

心配であれば、会う前にあなたから「いまは治療中で髪が抜けているけど、また生えてくるよ」「具合があまり良くないから小さい声でしか話せないけど、さっちゃんに会いたがってるよ」などと説明しておくといいでしょう。

もし、パートナーが子どもに会うのをためらっている場合には、「家族の一員として闘病生活を共有することが子どものためになる」「どんな姿だって子どもは親に会いたいよ」と機会を見て伝え、そっと背中を押してあげてください。

「私自身、妻は１００％元気になると信じていたので、本人に告知をしていなかったんです」

と、15年前の闘病を振り返るユウジさん。奥さんは肺がんが発覚してからわずか半年でこの世を去りました。当時、小5と幼稚園の年長だった2人の娘さんにも「ちょっと入院するけど、すぐ元気になるよ」と、本当のことは話していなかったといいます。

「痩せてやつれ、苦しんでいる妻の姿を見せたくなくて、娘たちは臨終にも立ち会いませんでした。病室の外で亡くなったことを伝えたら、上の子は固まってしまい、下の子はダーッとすごい勢いで廊下を走っていきました。死化粧をした妻を見て、2人とも泣きじゃくっていましたね。いま思えば、妻もさよならが言いたかっただろうし、娘たちにも母親と過ごす時間をあげなければいけなかったと深く後悔しています」

愛する妻（夫）が重い病気にかかってしまった衝撃を抱えながら、本人を気づかい、進む病状に合わせて治療法や告知するかどうかを決断し、子どもたちの世話やケアもしなければならない。そんななか、すべて完璧な選択ができる人はまずいません。どんな選択をしても、後悔は残ります。

ただ、もう少し娘さんたちに心の準備をさせてあげられていたら、とは思います。「お母さん、前より具合が良くないんだ」と話し、病気や死について書かれた絵本などをいっしょに読んであげるとよかったかもしれません。

たとえば、『わすれられないおくりもの』（スーザン・バーレイ作・絵／小川仁央訳／評論社）には、物知りだったアナグマの死を通して、あとに残された者たちが彼の残した思い出や知恵を大切にしながら、日々を生きていくことの大切さが語られています。「人が生きたあかしは、その人が亡くなったあとも、生きている人たちによって引き継がれていく」という死生観がわかりやすく描かれ、死を受け入れ、乗り越えていくことの大切さを教えてくれる、いい本です。

死をどう伝えるか

離婚と同様に、子どもは親の死についても「私のせいだ」と考えてしまうことがあります。「病気（もしくは事故）で死んだんだよ。ゆうちゃんのせいじゃないよ」

このように、**きちんと言葉にして**伝えてください。

また、幼い子に親の死を知らせるとショックを受けるだろうと考えて、**死について何も語らないようにする親御さんがいます。しかし、そうなると、子どもは「親の死の話はしちゃいけないんだ」と感じて、悲しみを表に出せなくなってしまいます。**

「お母さんはお星さまになったんだよ」「お父さんは眠っちゃった」「遠くに行ってしまった」といった曖昧な説明も、かえって子どもを混乱させるだけです。

「帰ってくるのかな」「お星さまになったってどういうことなんだろう」と疑問を

持つことで、子どもの心はかえって不安定になってしまいます。

「死ぬってわかるかな？　命がなくなることを言うんだよ。夏に飼ってたカブトムシが動かなくなって、土に埋めたよね。あれが命がなくなるっていうことなんだよ。命はいつかなくなるんだ。お母さんの命はなくなってしまったんだよ」

こんなふうに、幼い子には例を挙げながら本当のことをストレートに伝えましょう。10歳以上であれば、「先生ががんばって治療してくれたけど、実らなかった」「薬が効かなくなってしまった」など、一歩踏み込んで説明してもいいでしょう。

悲しみを忘れないで

悲しみを忘れなくていい。

これが、病気や離婚で愛する親を失った子どもの心をケアするときに、最も大切なことです。

大人は子どもに「早く悲しみから立ち直り、元気になってほしい」と願います。

でも、悲しみは忘れなくていいのです。

アメリカの精神科医エリザベス・キューブラー・ロスは、「死の受容プロセス」として、病気の患者本人が死を受け入れるまでに5つの段階をたどると言っています。これは、病気や離別で愛する親を失った子どもが「死を受け入れる過程」にも当てはまります。

・第1段階「否認」

「まさか、そんなはずはない」と、つらい現実を受け止めまいとする気持ちが働きます。

・第2段階「怒り」

「なぜよりによって私にこんなことが起こったんだ」と怒りを覚え、感情が激しく揺れ動く時期です。

・第3段階「取引」

「いい子にするから、お母さん戻ってきて」と、神様と取引をしようとします。

・第4段階「抑うつ」

どんなことがあっても愛する人は戻らないと知って、深く落ち込みます。

・第5段階「受容」

愛する人の死を受け入れていきます。

これらのプロセスは必ずしも順番通りに、すべてくまなく訪れるわけではありません。大切なのは、その時々に生じる悲しみや怒りを無理やり抑え込まないようにすること、その気持ちを言葉で表すことです。ここで気持ちを抑え込んでしまうと、いつまでもそこから先に進めなくなってしまいます。**泣きたいときに泣き、怒りたいときに怒ることが、心を再生へと導いてくれます。**

アメリカのポートランドに、ダギー・センターという子どもの心のケア施設があります。この施設では、家族を亡くした子どもたちの心のケアがおこなわれています。施設の壁一面に、両親が事故に遭った場面を子どもたちが絵に描いていました。そこには、エリザベス・キューブラー・ロスの次の言葉が記されていました。

「悲しみを忘れないで」

悲しみには意味があります。離別や死別であなたやお子さんが感じた悲しみは、多くのことを教えてくれたはずです。大切な家族を失ったとき、人は大きな悲しみに包まれます。その悲しみをなかったことにしてはいけません。これは死別のときも、離婚に伴う親との離別のときも同様です。

大切なのは離別や死別に伴う悲しみをじゅうぶんに悲しみ、誰かと分かち合うことです。

ダギー・センターでは、感情を外にはき出すことが癒やしになるという考え方のもと、「ここでは何をしても許される空間」として「火山の部屋」が提供されています。「火山の部屋」では、人形を殴りつけて怒りを爆発させる、大声で泣き叫ぶ、筆に絵の具をつけて壁に投げつけるなど、感情のままにふるまっていいのです。

「いつでも泣いていいんだよ」

こうお子さんに言ってあげてください。離婚や病気で親を失った悲しみや、置いていかれた怒りを表現することを止めないでください。

東日本大震災のとき、津波ごっこをする子や、「死んだ、死んだ、死体だ！」と叫ぶ子がいました。

それを見て「不謹慎だ」「なんでそんなことを」と思った方もいました。けれど、これらは心の回復のプロセスで必要とされていることなのです。言葉で気持ちを思うように表現できない子どもは、**遊びによってトラウマ記憶を再演することで、恐怖や怒りの感情と向き合えるようになっていくのです。**

子どもが泣いたり、怒ったりすることは、愛する人を失った痛みと向き合い、乗り越えていくために必要なことです。やめさせたり禁じたりすることなく、見守ってあげてください。


「泣きたいときに泣ける子」に育てること。


実はこれが、子育てでいちばん大切なことです。特に、離婚や死別で片親を失った子どもの子育てでは重要です。

ひとり親になると、子どもは「しっかりしなくちゃ」「私がママ（パパ）を支えなくては」と、ついがんばりすぎてしまいます。そして、泣きたいときも我慢して泣けない子、自分の気持ちが表現できない子になってしまうのです。

これが重なると、いつしか子どもは、自分でも「自分の気持ちがわからない子」になってしまいます。

これを心理学では「解離《かいり》」と言いますが、いつも親のために我慢するのが当たり前で、自分の気持ちを自分から切り離す習慣がついてしまうのです。

いま、「毒親」が問題になっていますが、共通するのは、子どもが子どもとしての自分の気持ちを感じられないほどに、「我慢」が習慣になってしまっているところです。

悲しみだけでなく「怒り」も同様です。

「毒親」に育てられた子どもほど、怒りをぐっと内側にため込み続けています。子どもが「怒り」を表現できる機会をつくりましょう。

パンチやキックをしてきたら、「これを30回叩いてみよう」などと遊びに変えて、子どもがすっきりするまで付き合いましょう。

親とくっついて離れなくなったり、それまでできていたことができなくなったりするのも、離別や死別からの回復で必要とされるプロセスのひとつです。思う存分抱きしめてペタペタ、チュをしてあげてください。

子どもを受け止めるためには、大人は自分の悲しみは一時的に棚上げしておかなければなりません。自分自身の心のケアは、別に行いましょう。大人は子どもが泣きわめいたとしても、いっしょになって泣き崩れるようなことは避けなければいけません。「支え」がしっかりしていないと、子どもは思う存分嘆き悲しむことができなくなります。

（子どもと一緒におこなうワークは、拙著『悲しみを忘れないで』のなかで紹介しています。よろしければ参考になさってください）

子育てで身内の手を借りるとき

パートナー亡きあと、ひとりで子育てするのが難しくなり、自分の親や姉妹、つまり子どもにとっては祖父母やおばの助けを借りる人もいるでしょう。お子さんを受け止めてくれるあたたかい身内が世話をしてくれるなら、あなた自身も心の余裕ができ、むしろ喜ばしいことです。

とはいえ、気をつけるべきポイントがいくつかあります。

小さい子なら、すぐ親代わりとなってくれた人のルールになじむことができますが、思春期にさしかかった小学校４年生以上の子どもはそういきません。親代わりになってくれる親族との相性が良ければいいのですが、性格的に合わないこともあります。そんなとき、たとえばあなたが仕事に打ち込みすぎてコミュニケーションを取らないと、お子さんは「見捨てられたのでは」と不安になってしまいます。

お子さんの顔を見るとパートナーのことを思い出してつらくなるので、ついつい仕事に逃げてしまう気持ちもわかります。ですが、お子さんにとって、あなたはこの世でたったひとりの親です。どんなに忙しくても、「困ったことがあったらいつでも言ってね」と折に触れて子どもに伝えていきましょう。

また、**教育やしつけの方針のかじ取りは、親であるあなたがするべきです。**祖父母やおばと意見の合わないところは話し合い、調整していきましょう。

祖父母やおばは血がつながってはいるものの、やはり本当の親とは違います。祖父母やおばのやり方だけで生活しようとすると、子どもはこう感じます。

「なんで本当の親でもないのに、こんなに叱られなければいけないのか」

「お母さんはこうではなかった」

このように抵抗を感じるものです。

子どもの面倒を見てくれている祖父母に対して、「こんなに面倒を見てもらっているのだから、やりたいようにやってもらったほうがいいのでは。下手に口出しすると、やりにくいだろう」と感じるかもしれません。しかし、それだと子どもは「祖父母の家に居候している」気分になり、「自分の家庭」ではなくなってしまいます。

祖父母やおばに子育てについて何かお願いしたいことがあるときは、文句を言うのではなく、「○○してくれるとうれしいんだけど」と、**「相手をリスペクトしながら」「お願い口調で」「具体的に言う」**ことを心がけましょう。

第５章

子どもの問題行動への処方箋

身体に出る症状には
スキンシップを

幼児から小学生くらいまでの子どもは、ストレスが、頭痛、腹痛、チック、不眠、アトピー性皮膚炎といった身体の症状として表れることがよくあります。

こうした**身体に表れる症状には、スキンシップが効果を発揮します**。愛のこもった抱っこやタッチングは、子どもの心の特効薬です。ギュッと抱きしめる、目をしっかりと見て「大好きよ」と言い続ける、ほっぺにチュする、などの繰り返しでほとんどの問題は解決します。

身体の症状があるときは、「叱るしつけ」はやめましょう。

「かわいいね」「大好き」と、愛情たっぷりの言葉をかけながら、抱きしめ、お子さんの心のエネルギーを充電させていきましょう。

全部を自分ひとりでやろうとしなくていいのです。親でない人とのスキンシップでも、じゅうぶんに効果があります。イライラしたり、気分が落ち込んだりして、笑顔でお子さんにペタペタできないときは、

「最近、よくおなかが痛いと言っているんです。私もなるべくスキンシップをはかっているのですが、仕事が忙しくて余裕がないんです。すみませんが、先生、いつもよりちょっと多めに抱っこやタッチングをお願いできませんでしょうか」

という感じで、保育園の先生や学童クラブの先生にお願いしましょう。

不登校になってしまったら

お子さんが学校に行かなくなると、「やっぱり離婚が原因なのか……」とショックを受ける親御さんは少なくないでしょう。

ひとつ覚えておいてほしいのは、お子さんが学校に行くのがつらくなったとき、

最初の兆しは頭痛や腹痛などとして表れやすいということです。

仕事のある親御さんとしては、「学校に行ってくれないと、仕事を休まなければいけなくなって困る。頭が痛いなんて仮病じゃないの？」と思うかもしれません。しかし、頭痛や腹痛は本物です。本当に頭が痛いし、おなかも痛くなっています。熱が出ることもあります。「学校に行きたくない」「行くのがつらい」という気持ちは、頭痛や腹痛などの体の痛みとして表れるのです。

子どもは、つらい気持ち、学校に行きたくない気持ちを、まだ言葉にすることができません。「言葉にできないつらい気持ち」→「頭やおなかの痛み」として出てくるのです。

心と体はひとつです。決してずる休みをしているわけではありません。仮病ではないのです。

頭痛や腹痛、発熱などが実際にある場合でも、学校を3日休んだら、担任の先生に連絡して家庭訪問してもらいましょう。

けれども、「担任の先生との相性が悪いから、学校に行きたくない」という子もいます。もし「担任の先生とは会いたくない」とお子さんが言っている場合には、校長先生に事情を話し、「うちの子と仲良くなってもらえそうな先生がいらっしゃったら、うちに来て話をしていただけませんか」とお願いしてみるのもいいでしょう。

また、10日以上休んだ不登校は「きっかけ」と「原因」を分けて考える必要があります。

・きっかけ↓友だちとのトラブルやいじめ

・原因↓学校を何日も休んでしまったので、体が家にいることに慣れてしまい、登校へのハードルが上がった

不登校になる子の多くは、最初は「友だちとのトラブル」といったささいな出来事が「きっかけ」になって、学校を休み始めます。しかし、**学校を休む日が続くと、休んだこと自体が不登校の「原因」**になってしまいます。月曜から金曜まで5日休むと土日を含んで9日間休むことになります。9日間家にいてじーっとしていると、外出すること自体がおっくうになってきます。「こんなに休んで、友だちはどう思うかな」と、周囲の子の目も気になって、さらに学校に行きにくくなってしまいます。

ある地域の教育委員会では、欠席の理由にかかわりなく、小学生が3日以上欠席したら、小学校が教育委員会に連絡し、カウンセラーが家庭訪問に行くシステムをつくりました。すると、小学生の不登校が約4割も減ったそうです。

お子さんが3日間学校を休んだ時点で、すぐに学校や地域の教育センターなどに連絡してください。

「大げさでは？」「もう少し様子を見ようか」という事なかれ主義はやめるべきです。「様子を見ている」うちに、お子さんはますます学校に行けなくなってしまいます。

お子さんを必死で守りたいという気持ち。その気持ちが先生に伝わると、先生も動いてくれます。親御さんは心配しすぎるくらいでちょうどいいのです。

ただし、お子さんの前では冷静に。動揺を隠し、落ち着いて対応してください。

お母さんが動揺していることが伝わると、お子さんはよけい不安になり、学校に行くために必要な踏ん張りがきかなくなります。

また、お子さんが不登校になると、「仕事をやめよう。もしくは時間を短縮しよう」と考える親御さんもいるはずです。生活のためにも仕事はやめられない一方で、お子さんをひとりきりにしておくのは心配だからです。欠勤が続くと勤務先の理解を得にくいという事情もあるでしょう。

しかし、なるべくなら、親御さんは仕事を続けながら、お子さんにかかわっていくのが理想です。仕事をやめてしまうと「自分のせいでお母さんは仕事をやめるはめになってしまった」と、お子さんが責任を感じてしまいます。

前述したように、いまは、どの中学校にもスクールカウンセラーがいます。小学生の親の相談も受け付けていますので、どんなサポートが得られるか一度相談に行ってみてはいかがでしょうか。忙しいときは電話での相談も可能です。地域の教育センターも相談にのってくれるはずです。

また、最近では子育てを支援する多くの団体があります。不登校児の学校復帰をサポートする学生ボランティアなども活発に活動しています。

「ひとり親で子どもは不登校。仕事も続けなくてはいけない」――この苦境を乗り越えるにはどんな情報を得ることができるかが、勝負の決め手です。

多くは、自治体の教育委員会が窓口になっていますので、ぜひ気軽に問い合わせてみてください。

親子の役割が逆転していませんか？

「うちの子は、とってもしっかりしています。私の話も聞いてくれるし」

「娘が家事一切を引き受けてくれて助かる。飲みすぎると娘に怒られちゃうんだよ」

もし、あなたがこう思っていて、その状態が長く続いているのなら、注意が必要です。**子どもが「子どもとしての自分の気持ち」を表現できなくなってしまっている恐れがあるからです。**

親が子どもに頼りすぎてしまうと、子どもは背伸びして「大人」になるしかありません。自分と自分の気持ちを切り離し、常に抑え込んでしまう習慣がつきます。いつのまにか自分でも自分の気持ちがわからなくなってしまうのは、前述した通りです。

そのために、一生苦しんでいる人（特に女性）が少なくありません。このように親が子どものままでいて、いつも子どもに依存している親を「毒親」と呼ぶのです。しかし、離婚や死別で不安定になると、親はつい、自分のことだけでいっぱいいっぱいになってしまい、子どもに依存してしまいがちになります。

○子どもが多少わがままを言っても不安定になっても、親は子どもを受け入れる

のが、あるべき姿なのに、それが逆転してしまい、

×親が多少わがままを言っても不安定になっても、子どもは親を受け入れる

になってしまうことがあります。このとき、あなたは「毒親」になっているのです。

一時的であればいいのですが、問題は、その状態が固定してしまうことです。親子が逆転した状態が続くと、子どもは誰にも頼ることができず、ひたすら自分の気持ちを抑え込んでしまいます。

「主人と離婚したあと、保育園時代のママ友が、私を励まそうとホームパーティを開いてくれたんです。そこで私、大失敗をしてしまったんです」

と後悔の念にさいなまれているのは、小６の女の子と小３の男の子を持つスズカさん。親しい友人たちの言葉にいままでの張りつめていた気持ちがゆるみ、子どもの前で号泣してしまったのです。お子さんたちに「恥ずかしい」「いい加減にして」と怒られ、１週間、口をきいてくれなかったといいます。

「でも、そのことをきっかけに、子どもたちがお手伝いなどにすごく協力的になって、わがままも言わなくなりました。最初は、それをいい変化だと思っていたんです。たまに私が落ち込んでいると、『お母さん、元気出して。大丈夫だよ』なんて励ましてくれもしました。しかし、それから1年半ほど経ったとき、娘が無言で、部屋のすみっこで涙を流しながら座っているのを見て驚きました。学校のスクールカウンセラーに相談しましたが、そのあと不登校になり、学校に行けるようになるのに半年かかりました。当時はわからなかったんですが、いま思えば、あのとき子どもたちは、お母さんはつらいんだから、私たちがしっかりしなくちゃと、相当我慢していたんですね」

振り返ってみると、スズカさんは、

「今日会社でこんなことがあったの！　○○ちゃん、どうしよう」

と、何かあるといつも娘さんに相談していたとのこと。

心が不安定な親を相手にすると、子どもは**「親のカウンセラー代わり」になるしかないのです**。自分の気持ちは抑えて、ひたすら親の気持ちを支える人になろうとします。
親御さん自身の気持ちが不安定になったときは、子どもに頼るのではなく、

- **ほかの人の手を借りて、子どもから離れる時間を増やす**
- **心が安定し、笑顔でいられるようになったら、子どものところへ戻る**

この原則を忘れないでいてください。

お母さんは娘にグチをこぼしすぎてはいけない

親子逆転は、特にお母さんと娘の組み合わせで起こりやすい現象です。

女の子のお子さんを、あなたのカウンセラー代わりにしてしまっていませんか？

女の子には、親の期待に応えようとする傾向が強くあります。特に、同性であるお母さんが離婚による心の傷を長く引きずって、娘さんにグチをこぼしたり、父親の悪口を言っていたりすると、女の子は母親の前で「いい子」を演じ、必要以上にお母さんの期待に応えようとする「**過剰適応**」を起こすことがあります。自分の気持ちはないことにして、ひたすら親を支えることに徹しようとするのです。

いい子を演じることに疲れ果て、不登校になることもあります。娘が40歳になっても50歳になっても、自分を支えることを求め続ける「毒親」もいます。こうなると、娘の一生が狂ってしまいます。

子どもにとって、親の思いをはねつけるのはとても難しいことです。離婚によって頼れる親が目の前のお母さんだけという場合には、なおさらです。

公務員として働くミオさんは、幼いときに両親が離婚し、「私のように離婚しても困らないように、職業を持った女性になってほしい」というお母さんのもとで育ちました。お母さんの期待に応えようと、常に成績はトップクラスでした。少しでも成績が落ちるとお母さんから「どうしたの？　あなたはこんなものじゃないでしょう」とはっぱをかけられていたといいます。

「勉強してちゃんとした仕事に就くんだと、ずっとがんばってきました。もちろん、就職できたのは母のおかげです。でも、いま思えば本当は友だちともっと遊びたかった……。仕事を始めてからも、母は昇進を気にしてばかり。結局、どこまでがんばっても母に認めてもらえず、がんばり続けることに疲れてきました。かといって、母をひとりにするのはしのびなくて、いまも家を出ることができず、八方ふさがりです」

こうした確執は、息子には少なく、娘だけが抱えるものです。

娘がどんなに苦しさを訴えても、母は「娘によかれと思ってやっていることなのに、どうして苦しいの？」としか思えません。だから、娘がいくら言っても思いの

10分の1程度しか伝わらないのです。

「娘を相手にグチくらいこぼしてもいいだろう」という母親の**油断と甘え**が、娘さんの一生を左右してしまいます。仕事のグチや元夫への不満は、自分の友だちやシングルマザーのコミュニティサイトなどで発散しましょう。

「娘と親は別人格」「娘は娘、親は親」と肝に銘じておきたいところです。

シングルファーザーは娘の話の聞き役に徹しよう

奥さんと死別し、小学5年の娘さんをひとりで育てるジュンイチさんは「娘とは、正直、妻が亡くなるまでろくに話をしたことがありませんでした」と言います。

「まずはお互いに腹の探り合いというか、様子を見るところから始まって、徐々に距離が縮まっていった感じですね。最近、ようやく学校のことをいろいろ話してくれるようになったのですが、私が『もっとこうすれば？』とアドバイスすると、ブスッとした顔になり『もういい……』と話すのをやめてしまうんです。そのうちに気づいたのですが、娘は**ただ話を聞いてほしいだけで、解決策を求めているわけではないんですね。**それからは、ひたすら聞き役に徹しています」

女の子は小学4年くらいから、人間関係が複雑になっていき悩みが大きくなります。父親は一般的に、子どもの悩みに対してすぐに解決策を示したがる傾向があります。よかれと思ったアドバイスが、子どもにとってはプレッシャーになることも少なくありません。無理にアドバイスせず、まずはただ聞いてあげてください。

お父さんと娘さんのシングル家庭の場合、お父さんは父性をふりかざさないことが大切です。

男性にとっては、無条件でわが子を受け止めるという母性的な子育ては、少し難しいかもしれません。しかし、一生懸命自分を愛そうとしてくれているお父さんの姿勢は、不器用でも必ず娘さんに伝わります。

生理や身体の変化などについては、身内の女性や担任、保健の先生などに早めに相談しておくといいでしょう。必要なものを一式そろえて使い方を教えてくれたり、同級生のお母さんにいっしょに買い物に行ってくれるよう頼んでくれたりと、対処してくれるはずです。

父子家庭で育ったミナコさんは、父と2人の生活を次のように振り返ってくれました。

「体の変化や恋愛の相談は、先生や友だちにしていました。ブラを買うときは、友だちのお母さんについてきてもらったりしましたね。父にはさすがに頼れなかったので。でも父は一生懸命、料理を覚えて私に教えてくれました。部屋の片づけや掃除は苦手で、仕事も忙しかったので、『寝る前に食器を洗う』『洗濯は2日に1回』

など、少しずつ2人にとってベストな形をつくりあげていったんです。高校のときは、自分でお弁当をつくっていたので、お母さんにつくってもらったお弁当を食べている友だちがうらやましくてしょうがありませんでした。けれど、母がいないぶん、父といっしょに協力してきたことは私の大切な財産になっています」

男の子への対応方法

離婚したあと、お母さんが「お父さんがいないぶん、しっかり育てなければ」と気負い、厳しくしつけをしようとすると、男の子はそれに強く反発します。

男の子にとって痛手になるのは、やさしかったお母さんが、離婚をきっかけに必要以上に厳しくなってしまうことです。そのことに対する怒りが、反抗というかたちで表れます。すると、お母さんは力づくで自分に従わせようと躍起になり、それに対して子どもはさらに反抗するといった悪循環にはまります。ときには母親を叩いたり殴ったりというところまでエスカレートします。

また、お父さんと男の子の組み合わせでも、同じことが危惧されます。

たっぷり愛して安心感を与える。

これが子育ての基本です。しかしお父さんは娘さんには実践できても、同じ男である息子さんに対してはつい厳しくなりがちです。

ひとりで息子さんを育てるお父さんは、「体罰は必要だ」「父親は息子の壁にならねば」といった考えを、**いますぐ捨ててください**。男の子は、プライドが傷つきやすく、もともと気持ちがくじけやすい生き物です。それなのに、否定的な言葉で追い打ちをかけると、物事にチャレンジする勇気が奪われてしまいます。

ひとり親家庭での NGワード

お子さんが悩みごとを話してくれたときに、つい、こんな言葉がけをしていませんか？　ひとり親家庭でのＮＧワードを紹介しましょう。

×「お父さんがいないんだから強くならなきゃ」

×「お母さんも大変なんだから、それぐらい我慢してよ」

×「男のくせにそんなことでクヨクヨしてるのか」

×「それはお前が悪い」

こんなふうに、

×檄を飛ばす
×お説教する
×バカにする
×すぐに良し悪しをジャッジする

のはいけません。これではお子さんは心を閉ざしてしまうだけです。

つらいとき、子どもは親に気持ちを聞いてもらいたいだけです。励ましてほしいわけでも、解決方法を知りたいわけでもありません。

それでは打たれ弱い子になってしまうのでは、と心配される方もいるかもしれませんが、決してそんなことはありません。

「お父さんがいないってバカにされた」と落ち込んでいたら、「すごくつらかったね、テッちゃん」「そうか、ユウちゃん、それは大変だったね」

そう言って思いきり抱きしめてあげましょう。ただただ、お子さんの思いを受け止めるだけでいいのです。

ここで親がいっしょに落ち込んではダメです。子どものつらさを受け止める。泣いていたら、泣かせてあげるのです。すると次第に、子どもの心のエネルギーがジワーッとたまってきます。心のエネルギーが満タンになると、子どもは「またがんばろう」と思うことができるのです。

面会交流のあと元気がないときは

面会交流から戻ってきたお子さんが、元気がなくなっていたり、わがままを言うようになったりすることがあります。

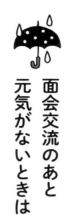

こういうとき、「だから会わせたくなかった」と面会交流をやめる、といった極端な行動を取らないようにしましょう。

元気がなくなった理由は子ども本人にしかわかりません。お子さんの様子がいつ

もと違うときは、

「今日は、どうだった？」

「何して遊んだの？」

と、さりげなく聞いてみてください。そのなかで、自分の気持ちを話してくれることもあるでしょう。

もし、離れて暮らす親と別々の家に帰るのがさみしくて落ち込んでいるようなときは、「また会えるよ」と言ってあげましょう。

「自分よりも向こうがいいのか」などと張り合う気持ちがわいてくるかもしれませんが、ここはグッとこらえてください。

落ち込みがひどい場合は、離れて暮らす親に理由をたずねてもいいでしょう。

ひとり親家庭は、子どもがつらくなったとき、言える相手がひとりしかいません。**ふだんから「つらくなったら言える関係」「弱音をはける関係」をつくっておくことが大切です。**

「弱音をはいてもいいんだよ」「泣きたいときは泣いてもいいんだよ」と日ごろから言葉をかけておきましょう。

子どものレジリエンス＝立ち直り力（心の回復力）を育てるには

つらい出来事があっても、そこから立ち直ることのできる「心の回復力」のことをレジリエンスといいます。

レジリエンスが高い人は、しなやかで弾力性のある「心の力」を持っています。

弾力性に富んだ心の力を身につけるには、

「いろいろ大変なことがあったけど、ぼく（私）は大丈夫だった」

という体験を、幼いうちから繰り返していることが必要です。そのための子どもへの親のかかわりとしては、次の3点が大切なポイントです。

①無条件に受け入れられ、肯定されること

親御さんから「あなたの存在は大切だ。そのままでいい。いるだけでOKだ」と、まるごと受け入れられ、無条件に存在そのものを肯定される体験です。

こうした体験を繰り返していると、子どものなかに「生まれてきてよかった。私はこの世界に受け入れられている」という基本的な信頼感が育ちます。

ひとり親でもまったく問題ありません。お子さんが無条件で受け入れられていると思えることが重要なのです。

②生きる上でのモデルがある

「あんな人になりたい」「こんなふうに生きていきたい」と思える人が近くにいると、子どもは、将来に対する希望や展望を抱くことができます。将来の自分について具体的なイメージを持てると、困難に直面しても立ち直りやすくなるのです。

モデルになるのは、親御さんでなくてもいいのです。**心がけるべきは、子どもが多くの人と出会える機会をつくること。**ママやパパの友だち、学校の先生、塾の先生等々……が、お子さんの人生のモデルになってくれるはずです。

③親から「甘やかす」のではなく、子どもから「甘えてくる」のを受け入れること

離婚したあとに、子どもにかわいそうな思いをさせているという罪悪感から、親から何でも買い与えたりしてしまうこともあります。

これは大人の身勝手な「甘やかし」であって、子どもが発する「甘えを受け入れてもらえること」とは違います。

×親の都合で甘やかされた子ども

○子どもが甘えたいときに受け入れてもらえた子ども

この違いは、ものすごく大きいのです。

親の自己満足で「甘やかす」のではなく、子どもが本当につらいときに、じゅうぶんに甘えさせてもらえると、「ぼく（私）は人生で基本的に受け入れられているんだ」という感覚が育っていきます。これは「ぼく（私）は大丈夫だ」という感覚につながります。すると、多少つらいことがあっても、「もうちょっとがんばろう」という前向きな気持ちを持つことができる人間になれるのです。

親のペースで何かをしてあげるより、子どものペースに合わせレスポンスしてあげること。これが、困難に強い子を育てる秘訣です。

ひとり親家庭の反抗期の乗り越え方

子どもが小学校高学年から中学生になると、「私ばっかり家のことをやるのは嫌だ」「塾に行けないのはうちだけだ」などと反抗的な態度をとることがあります。

それまで離婚について何も言ってこなかったのに、「なんで離婚したんだ」と親を責めたり、父親がいないことにさみしさを覚える自分に戸惑い混乱することもあります。これはお子さんが思春期に突入したというサインです。

ひとり親家庭で、子どもの反抗期にどう向き合うかはきわめて重要です。

大切なのは、言い争いがヒートアップしすぎないようにすること。ひとり親家庭では、あいだに入って止めてくれる大人がほかにいないため、親子間の争いが果てしなくヒートアップしやすくなります。そしてそうなると、子どもも「引くに引けない」状態になります。反抗期が激しくなっていきやすいのです。

このとき、大切なのは「父親がいないから、反抗期が激しくなるんだ」と**勘違い**しないこと。そうではありません。多くの場合、「父親がいないから厳しくしなければ」と考えた母親が一歩も引かないため、子どもも一歩も引けなくなる。そのために反抗がエスカレートするのです。

思春期は、自分が揺らぐ時期です。身長が伸び、生理が始まったり、声変わりしたりすると、異性への関心も芽生えます。それまでの価値観が揺らぎ始め、内側から知らない自分が顔を出します。いわば、心が液状化現象を起こすのです。

この〝心の液状化現象〟にこそ、思春期の心の在り方の本質があります。それまでの子どもとしての心のかたちが崩れ、でもまだ大人としてのかたちもできていない。**心が一定のかたちを持っていないのです**。

自分でも自分のことがわからず、混乱します。だからこそ、イライラしたり、自分のカラに閉じこもったりするのです。親を一方的に批判し始め、理屈も一人前になります。もうギュッと抱っこできる年齢でもありません。

思春期になると、自立に向けて「親とは違う自分」をつくり出さなくてはいけません。親への反抗は、この「自分づくり」という課題に取り組むために必要なのです。このことを理解し、親は子育てのギアチェンジをしましょう。

反抗の仕方は、男の子と女の子でも違います。男の子は暴力的になる傾向が見られます。女の子は、男の子よりしつこく長く、反抗が継続する傾向があります。親にもしんぼう強さが必要です。

反抗できるのは親を信頼しているあかし

子どもが反抗的になったせいで、気持ちが沈んでいる親御さんもいるでしょう。**しかし、お子さんが思春期に入り、反抗的な態度を取り始めたというのは、めでたいことです。**「いま、自分づくりの課題に取り組んでいるんだな」と一歩引いて見守ることです。

親に対しては反抗的でも、友だちや先生の前では普通なのであれば、まったく心配ありません。

怖いのはむしろ、逆のケースです。親の前ではいい子なのに、外で悪い態度を取

る子が増えています。彼らは「親にダメな姿を見せたら、愛してもらえない」と思っているのです。そして、親の前でいい子を演じるストレスを、外でぶつけています。

親に反抗できるのは、「自分がどんな態度をとっても、親の愛情は揺らがない」という子どもの親への信頼の表れなのです。

効果を見て かかわり方を修正する

そうはいっても、子どもに反抗されると、親も腹が立つものです。「どうしてそんなことを言うの？」と叫び出したい気持ちになることでしょう。

もともとどんな親にも、子どもを自分の支配下に置きたいという欲求があります。思春期の子どもの反抗は、そこを刺激してくるので、親は腹が立ってしまうのです。

けれど、「ここで甘やかしてはダメだ！」とばかりに頭ごなしにガミガミ言うのは、おすすめできません。

そもそも、そのガミガミは効果がありましたか？

ガミガミ言ったあとに、子どもは反抗をしなくなったでしょうか？

むしろ多くの場合、反抗がより激しくなったのではないでしょうか。

子育ての大事な原則。それは、**「うまくいっている方法は続けよ。うまくいっていないなら、違う方法に変えよ」**ということです。「その方法で、どんな効果が出たのか」を考えながら接し方を変えていきましょう。ガミガミガミガミ厳しく叱りつけた結果、いいことが起きているなら、それはいい方法です。しかし逆に子どもの反抗が激しくなっているなら、それは変えたほうがいいのです。

結果１　親がガミガミ言った結果、子どもは反抗しなくなる

結果２　親にガミガミ言われて嫌気がさし、親を嫌いになる。子どもはますます引けなくなり、さらに反抗する

冷静に考えてみてください。ほとんどの場合、「結果2」です。

あなたがビジネスパーソンであれば、どんな理屈をこねても、仕事でいい成果が出なければ失敗であることはわかるでしょう。子育ても同じです。どのような成果をもたらすかによって子育ての方法を変えていく必要があります。しかし多くの大人は仕事で当たり前のことが、子育てになるとわからなくなってしまうのです。

子育てにおいても仕事同様「プロ意識」を持ってのぞんでほしいと思います。

親は「子育てのプロ」にならなくてはいけないのです。

ひとり親家庭では、「片親だからこそ、きちんとしつけなければ」というプレッシャーから、ついガミガミ怒鳴ったり、頭ごなしに厳しくする子育てになりがちです。しかし、押さえつけられれば押さえつけられるほど、反抗も激しくなります。

親への復讐のために反抗がエスカレートしていくこともあります。「お前の子育ては間違っていたのだ」と証明するかのように万引きをしたり、薬物に手を出すこともあります。

このような説明をすると、「わがままを許していいんですか⁉」と思う方もいるでしょう。

しかし、「許す、許さない」の問題ではありません。

子育ては親の理屈をこねていていいものではありません。**子どもにいい成果が出ているかどうかが重要なのです。**

門限を守らず遅く帰宅している子に、「それは許しません！」と大声で叱ることでいい結果（子どもが早く帰るようになる）が出ているなら、それは成功です。しかし、大声で叱ることで子どもが反抗し、さらに帰りが遅くなっているならばそれは失敗です。「子どもが早く帰るようにするには、親はどうすればいいのか」と考えて、子どもへの対応法を変えなければならないのです。

親の感情コントロール法

「売り言葉に買い言葉」で、つい激しい言い争いになってしまうことは、反抗期の家庭においてはよくあることです。このとき大切なのは、「親のほうが先に冷静になり、一歩引く」ことです。

必ず親のほうから、一歩引いてください。

ひとり親家庭において、これは大切なことです。

どんなにカッとなりやすい子でも、親が上手に対応すれば反抗もさほど激しくなりません。しかし、親が一歩も引かず、**威圧的になると反抗は激しさを増してしまいます。**

親は、自分がカッとなっているのがわかったら、まず冷静になり、「ちょっと待って」とひと呼吸置きましょう。大人としての自分を取り戻して「一歩引く」必要があります。カーッとなったときに、冷静さを取り戻す第一歩は、「自分はいまカッとなっている」「自分はいま怒っている」と気づくことです。焦って「もっと落ち着かないと」と自分に言い聞かせるのは逆効果です。

すぐに冷静になれないなら、トイレに駆け込んで鍵を閉めて深呼吸を３回ほどしましょう。

ひとーつ。ふたーつ。みっつーう。

それでも収まらなければ、いったん家から出て、ファミレスでパフェを食べて来てもいいでしょう。

まずは子どもから物理的に離れた場所に行って、自分を取り戻すことです。

反抗期の子どもにも「いけないことはいけない」と伝える必要はあります。しかし、お互いに興奮状態にあっては、どんな言葉も耳に入りません。まず、親自身が冷静になることです。自分の気持ちが落ち着いてくるのを待ちましょう。子どもに何か言葉をかけるのはそのあとです。

カーッとなったときにうっかり口から放ったそのひと言が、子どもの一生を左右してしまうこともあるのです。

ひとり親家庭の親子バトルは、どちらも引くに引けずに意地の張り合いが続き、エスカレートしていきやすいようです。

エスカレートしすぎてののしり合うと、お子さんの心にしこりを残します。

ではどちらから引くべきか。どちらが「大人」になるべきか。大人である親のほうです。親と子どもは対等ではありません。お子さんと対等になってやり合ってはいけません。

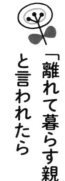

「離れて暮らす親に会いたい」と言われたら

「帰宅時間が遅くなったり、口ごたえばかりしたりと、反抗期で荒れていた高2の息子が、『お父さんに会いたい』と言いだし、5年ぶりに父親に会ってきました。自分が生まれたころの話をしたり、父親が若いころどんな仕事をしていたのかを聞いたりと、楽しく過ごせたようです。それ以来、荒々しい態度は収まり、落ち着いてきました。大学に進学するか、就職するかなど、将来についても本気で考え始めたようです」

こんなふうに話してくれたマサコさんは、元夫の浮気が原因で、息子さんが小学6年のときに離婚しました。最初のうちは、月に1度の面会交流をしていましたが、相手の再婚でなんとなく中断してしまいました。

思春期になると、「自分は何者なのか」という漠然とした問いを抱えながら、日々を過ごしていきます。思春期の子どもが別れて暮らす親と会うことで、自分の原点を再確認することは少なくありません。

事情によっては、連絡先がわからなくなっていることもあるかもしれません。そういうときは、「会いたいなら探すよ」と努力を惜しまない姿勢を見せてあげてください。もし会えなくても、子どもはその気持ちを感じてくれるはずです。

塾や進路について子どもに話すとき

経済的に厳しいひとり親家庭の場合、私立に行かせることができなかったり、塾に行かせられなかったりすると、「子どもに申し訳ない」と思う気持ちが先に立ち、

「ごめんね」と、謝ることも少なくありません。あるいは「高校は私立はダメ」と有無を言わせぬ命令口調で言ってしまう方もいます。

子どもは、毎日の食事や生活ぶりから、家計の状況はなんとなく把握しているものです。

しかし、わかってはいても、親から謝られると「うちが貧しいせいで……」と落ち込んでしまいます。逆に「私立はダメ！」と高圧的に出られると「わかってるよ！」と反発したくなります。

いちばんいいのは、いまの経済状況を冷静に「正直に」話すことです。卑下したり、高圧的になったりせず、平常心で説明するのです。そして、「どうしたらいいか、いっしょに考えよう」と持ちかけます。人生の大事な選択をするのは、お子さん自身です。親は「いっしょに考える」姿勢でいましょう。

そして、「できないこと」ではなく、「現状で何ができるのか」、**できることを肯定的に説明しましょう。**

・「できること」を伝える例

○「塾は全教科はムリだけど、２科目ならいいよ」

○「公立なら習い事も続けられるよ」

○「高校が公立だったら、大学に行くためのお金を貯めることができるよ」

・「できないこと」を伝える例

×「塾に行かせてあげられなくて、ごめんね」

×「私立はダメ」

×「お金がかかるから○○部はダメ」

「どうしても私立に行きたい」と言われたときは、ひと通り「なぜ行きたいのか」、お子さんの話を聞きましょう。

具体的な夢や希望があるなら、奨学金や教育ローンを検討したり、別れて暮らす親に相談したりと、子どもと**いっしょに本気で考えてあげてください。**

塾にしても、いまは塾に行けない子どもを支援する学生ボランティアなどが数多く活動していますので、学校の先生や自治体に問い合わせてみましょう。たとえすべてが思うような結果にならなくても、お子さんは自分の願いをかなえようと動いてくれた親御さんの姿をうれしく感じるはずです。

なお、「私立が優れている」というのは、思い込みです。教育関係者なら誰でも知っているように、私立にも公立にも、優れた教師もいればダメ教師もいます。授業のスキルをとっても、「公立は私立より劣っている」と思っている私学の先生方はほとんどいないはずです。

金髪、家出、家のお金をくすねるなどの非行傾向が見られたら

「非行」と「非行傾向」は違います。

「非行」とは、万引き、泥棒、器物破損、ホームレスへの暴行などの犯罪行為のことです。

「非行傾向」は、非行の前兆によく見られる、グループでつるんで深夜まで遊ぶ、プチ家出する、家のお金を盗る、といった行動です。

親としては当然、心配になります。しかし、ガミガミ叱りつけたり、オロオロしたりすると逆効果です。お子さんの望ましくない行動はさらにエスカレートします。

こうした行動は、お子さんの揺れる気持ちの表れです。そして、自分が揺れているからこそ、子どもは親に「安定」を求めます。オロオロする親の姿を見て子ども

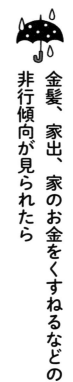

はよけい不安定になります。**ガミガミ叱る親やオロオロと心配する親の姿に反発して、子どもの行動はエスカレートするのです。**

大切なのは、「親の心の安定」です。「何かあったら、言うんだよ」と声をかけて、**子どもを信頼して「待つ」**ことです。

親の信頼が伝わると、子どもはいずれそれに応えようとしてくれるはずです。

荒れている子どもとの会話術

荒れているお子さんと話をするときのポイントは次の5つです。

①場所を変える

子どもと言い合いになったとき、部屋に2人きりだと歯止めがきかなくなりがちです。「ケーキでも食べようか」と、ファミレスなど第三者の目がある場所で話をしたほうがお互いに穏やかに話ができます。

②話すテーマは、1回につきひとつ

親はつい、せっかくの機会だからと思って「ついでだから言うけど……」と、一度にたくさんのことを話してしまいがちです。そうすると、子どもはガミガミ言われている気持ちだけが残り、お子さんを心配しているあなたの愛情は伝わらないまま終わります。

話す内容は「1回につきひとつ」だけにしましょう。髪を染めたことが心配なら、そのことだけについて話すのです。

③怒鳴らず、「子どもにとってのメリット」を伝える

「何を言うか」以上に、「どういう表情でどのような言い方」をするかが大事です。必ず笑顔で話しましょう。

「マサオは、茶髪よりも黒い髪で○○ヘアーにしたほうがカッコイイと思うよ」と、子ども自身にとってメリットのあることを伝えます。

④気持ちをストレートに伝える

まわりくどい表現は、子どもに伝わりません。自分の思いはストレートに言葉にするのがいちばんです。「こういうことは、心配だからしないでほしいんだ」「こういうときだから言うけど、本当にジュンちゃんのこと、大事に思ってるよ」

⑤「信じている」と言う

「ジュンちゃんのこと、信じてるのよ」と、お子さんを信頼していることを伝えましょう。親から信じられていることが伝わると、お子さんには、親の期待に応えたいという気持ちが生まれます。「あんたはどうせまた悪いことしたんでしょ」という態度だと、子どもの心は「どうせぼく（私）なんか……」とねじれて、望ましくない行動は激しくなっていきます。

手に負えなくなったら「ナナメの関係」を利用する

注意してほしいのは、荒れているお子さんを「そんなことなら出て行きなさい」と追いつめないようにすることです。家での居場所をなくしてしまった子どもは、簡単に裏社会とつながりやすいのです。

「金髪にしてゲーセンをうろつく」

←

「先輩に声をかけられる」

←

「裏社会のルートとつながる」

あるいは、

「家出をして友だちの家にたむろする」

←

「友だちを通じて知り合った友だちに援助交際のアルバイトを紹介される。または危険ドラッグをすすめられる」

←

「『私もやってるからあなたもやりなよ』という**同調圧力**によって断れなくなり、一度してしまうと、ズルズルと続けることになる」

一度でも裏社会につながったり、ドラッグを体験してしまうと、元に戻るまでに相当な時間とエネルギーを要します。「思春期には少々やんちゃをしても」などと軽く見ることなく、周囲と協力しながら全力で対応しましょう。

もしお子さんが、万引きや窃盗、ドラッグ、援助交際などの危険な行為に走ったときは、本気で立ち向かいましょう。本気で「壁」になり、やめてほしいことを心を込めて伝えましょう。

「私は本当につらくなるし、悲しくなる」と自分の気持ちを伝えましょう。このようなとき、「あなたの人生なんだからあなたの自由にしなさい」とは、絶対に言ってはいけません。子どもは、「私のことなんかどうでもいいんだ」と感じます。それがひいては、「私はたいした価値のない存在なんだ」と、自己肯定感の低下につながります。**親が「本気でかかわる」ことが、子どもに「自分にはそれだけの価値がある」と感じさせる力を持つのです。**

ただし、それ以前から親子関係がこじれている場合には、何を言っても、心に言葉は届きません。**家族以外の「第三者」に入ってきてもらうことなしに、悪化した思春期の複雑な親子関係を修復するのは、とても難しいことです。**

こんなときは、親や学校の先生という「タテの関係」、友だちという「ヨコの関係」はあまり効果を発揮しません。有効なのは「ナナメの関係」です。「ナナメの関係」とは、少し距離のある大人との「ゆるめの関係」です。たとえば、塾や習い事の先生、家庭教師、カウンセラー、小学校時代のスポーツ少年団の先輩、親戚のおじさんおばさん、近所の人、よく家に遊びに来ているお父さんやお母さんのお友だちなどとの関係です。

「タテの関係」にある親や先生の言葉は、たとえ正しくても、子どもは押しつけがましく感じがちです。「ナナメの関係」にある大人の言葉は、少し距離があるぶんだけ素直に聞くことができるのです。別れて暮らす親も、関係によっては「ナナメの関係」を築けます。

身近に「ナナメの関係」の大人がいない場合には、「1年間だけ期間限定」で大学生の家庭教師を頼むなどして、多少、お金を払ってでも「ナナメの関係」をつくりましょう。心理学の教室がある大学に「相談家庭教師」のアルバイトがほしいと連絡することもできます。地域によっては、大学院生を「ボランティアの相談家庭教師」として家に派遣してくれるところもあります。教育センターなどに気軽に連絡を取りましょう。

何度裏切られても、子どもを信じる。信じ続ける

何度も裏切られたり、ウソをつかれたり、学校や警察から呼び出されたり。心身ともに疲れきって、「もうわが子を信じることができない……」そんな気持ちになって、私のもとに相談に訪れる方は少なくありません。

でも、何があっても子どもを信じてください。

親から先に信じるのです。

子どもが信じられる行動に出たら信じる、という順番ではありません。お子さんに対して、「私の（親の）信頼を取り戻したかったら、あなたの行動を変えなさい」という言い方をする親御さんがいますが、これは間違っています。

「何度裏切られても、私はあなたを信じる」

このことを何度も言葉にして伝えてください。言葉にするだけでなく、実際に信じ続けるのです。「何度裏切られても、決して切らない。見捨てない」――これが何よりも大事なことです。「信じている」という思いは、必ず子どもに伝わります。

そしてジワーッと変わっていきます。

人は信じられ続けていると、いつかその期待に応えたいという気持ちがわいてきます。

また、「自分で自分を信じられる人間になりたい」という気持ちが出てきます。自己信頼感が高まって、荒れは収まっていくでしょう。

親の離婚は
子どもの結婚観を損なうか

親が離婚した子どもは、離婚に対するハードルが低くなりがちです。「お母さん（お父さん）も離婚しているんだから」と、離婚をありうる選択肢のひとつとしてすぐに考えるようになります。

また、「結婚してもどうせ別れるんだから結婚しなくても」と考えるようになる子も少なくありません。

これには、良い面と悪い面があります。

良い面のひとつは、無理な結婚、不幸な結婚の「犠牲」にならないですむことです。

プリンストン大学のダニエル・カーネマン教授が、２００６年に『サイエンス』

誌である調査を発表しました。40歳以上の未婚者と既婚者の「不幸率」に関する調査です。それによると「自分が不幸だと感じている人」は、独身の女性よりも結婚している女性のほうがわずかながら多かったのです。

日本、特に地方の場合は、まだ離婚に対するイメージが悪い地域が少なくありません。体や言葉での暴力を浴びせられても、ぐっと我慢して、不幸な状況に耐えていることがあるのです。離婚によってしかリセットできない、不幸のスパイラルがあります。このスパイラルから自分を解放しやすくなるのが、親の離婚が子どもにもたらすプラスの影響です。

マイナス面は、結婚に対して幸せなイメージを持ちにくかったり、「離婚」という選択肢をすぐに思い浮かべるようになる点です。

これを防ぐには、親が結婚に対するマイナスの発言を少なくし、ポジティブな発言を増やすことです。

×「結婚なんて……」

×「結婚してもろくなことないわよ」

○「結婚は楽しかったよ」

○「○○ちゃんには幸せな結婚をしてほしいな。お母さんももう1回するんだ」

第６章

「実質シングル」の孤独な子育て

夫はいても孤独な子育て

ひとりで子育てしているのは、シングルマザー、シングルファーザーの方だけではありません。結婚していても、夫の仕事が多忙すぎて、子どもと自分だけの密室で孤独に子育てしている家庭はすごく多いのです。パパがいて、ママがいて、周りから見れば、幸せそうに見える。でも、お母さんの心のなかは孤独感でいっぱいなのです。

夫がいても、実質的にひとりで孤独に子育てしている。このような状態を、私は**「実質シングル」**と呼んでいます。

子育てでうまくいかないことがある。少し話を聞いてくれるだけで気が休まるのに、夫は帰宅しても黙々とご飯を食べて寝るだけ。「疲れてるんだ」と言われると、何も言い出せなくなってしまう。

育児も家事もほとんどひとりでしている。週末になっても、夫はゴルフや休日出勤で不在。たとえ家にいても寝てばかり。１時間でいいから自分の時間がほしい……。ママ友の夫のイクメンぶりを耳にするたびに、「どうしてうちは……」と落ち込んでしまう。

こんなふうに追い詰められている「実質シングル」のお母さんたちが、実に多いのです。

専業主婦の憂うつ

２～３歳くらいのお子さんを持つお母さん方からよく受ける質問のひとつに、こんなものがあります。

「子育てでイライラして自分を抑えきれず、つい激しく叱ってしまうことがあります。子どもに悪い影響が出ないか心配です」

子どもからすれば、同じことをしているのに、お母さんの気分次第で叱られると
きもあれば、叱られないときもある。これでは、子どもは何をどう信じたらいいか
わからなくなり、心が不安定になってしまいます。

こうしたイライラを最もため込みやすいのは専業主婦のお母さんです。

次に示すのは、ある幼稚園の講演会でおこなった、子育て中のお母さんのストレ
ス調査の結果です。

- いちばんストレスが高いのが「フルタイムの子育て」
- 次が「フルタイム勤務のお母さん」
- いちばんストレスが低いのが「短時間勤務のお母さん」

パートやフルタイムで働くお母さんは、「心のリセット」がしやすいのです。マ
ジメで教育熱心な専業主婦のお母さんは常に「子どものために」と考え、気が休ま

りません。心をリセットする機会がなく、イライラがつのってしまいます。

「短時間のパートでも外で働いていたほうが、自分らしくいられる」

「子どもを保育園に預けて働きたい、帰宅後の1日3時間だけなら、子どもと思いきり笑顔ですごせる」

そんなふうに思うなら、どんどん外に働きに出ましょう。

「子どもが小さいうちは、母親がそばにいないと子どもがかわいそう」と、我慢している方も多いようですが、これこそまさに根拠のない思い込み＝イラショナルビリーフです。世界中の心理学の調査で「3歳までは母親のそばで育てたほうがいい」という3歳児神話を立証するようなものは、ひとつもありません。

専業主婦の方には、1日数時間でも託児所の一時預かりなどに子どもを預けて、ママ友とカラオケやファミレスに行ったりと、自分のための時間を持つことをおすすめします。ストレスを解消し、気持ちをリセットすることが、結局はお子さんの心の安定につながります。

さらに、イライラに追い打ちをかけるのが、思うように協力してくれない夫の存在です。はなからいなければ期待せずにすむのに、目の前にいるからこそ、失望感や怒りが大きくなってしまうのです。

子育ては夫婦の仕事に

男が外で稼ぎ、子育ては女の仕事だ。

高度成長期から長く続いたこの役割分担ですが、最近は「イクメン」という言葉が示すように、この役割分担にとらわれず、育児に積極的にかかわる男性が増えています。

しかし、**子育ての大変さは、週に数時間の子育てではとうていわかりません。**週に数時間でよければ、子育てほど楽しいことはないのです。

子育ての大変さ、つらさは、毎日毎日同じ単調な作業を繰り返さなくてはいけないことです。そしてそれがどこまでも続き、出口はなく、自分はこの子と２人きりで取り残され、社会から置いてきぼりをくっているという閉塞感があります。

社会が子育ての重要さを認識し、子どもが小学生までは、夫婦の両方がそれぞれ工夫して早く帰宅できるような制度を準備する必要があります。

社会の通念と、働く仕組みとを変えていかなくては、個々の夫婦の子育て意識も変わりようがありません。

ストレスフルな母親が子どもの人生を壊す

ご主人に不満をいだいているお母さんは、無意識に子どもを自分の味方につけようと、ご主人を軽んじる行動を取ることがあります。

「お父さんみたいになっちゃダメよ」

「お父さんはいいの、どうせ誘っても来ないから」

こんなふうに、お子さんに言っていませんか？

何げないこのひと言が、お子さんの人生を壊す凶器になることに、どうか気づいてください。

子どもは、例外なくお母さんの価値観に従います。お母さんに見捨てられたら生きていけない。だから、お母さんに同調するしかないのです。お母さんがお父さんの悪口を言っていると、そのうち子どもは、率先して父親の悪口を言い始めます。自分から、お母さんの気持ちを察して動くようになるのです。

しかし、心のなかではお父さんに対する愛着の念が必ずありますから、子どもは自分の本心を消して母親に同調することになります。こうしたことを繰り返していくと、子どもは、自分の気持ちがわからなくなってしまいます。

子どもは、自分の気持ちを感じたり言葉にする余裕を与えてもらえないと、自分の気持ちがわからなくなってしまう「解離《かいり》」を起こしてしまいます。いじめられていても耐えていたり、ＤＶをされても耐えたりしているうちに、自分のことを「幸せになってはいけない子」だと思うようになってしまうのです。

自宅を密室にしない

「愛の反対は憎しみではない。無関心だ」

これは、自由教育思想家のＡ・Ｓ・ニイルの言葉です。愛は憎しみに転じるし、憎しみが愛に転じることもある。しかし、無関心は愛にも憎しみにもならないのです。

では、人に強い愛情と憎悪を向ける人間関係は何か。

「家族」です。

物騒な話ですが、日本の殺人の約半数が家族による殺人なのです（年によって多少の変動はあります）。家族ほど強い憎しみに満ちた存在はいないのです。

母子の関係も例外ではありません。「自宅」という閉ざされた環境では、お互いの憎悪が膨張しやすくなります。

では、**自宅を狂気がひそむ密室にしないためには、どうすればいいか。他人を家に入れることです。**友だちがちょくちょく来ることで、密室に風穴をあけることができます。

家を児童館並みに開放して、子どもの友だちをどんどん連れて来るのもいいでしょう。「いつでも誰でも連れて来ていいよ」とオープンにするのです。

親が遊びに来るメンバーを選り好みしてはいけません。いろいろな性格の友だちが混在しているゴチャゴチャの空間が、お子さんの人間関係力を育ててくれます。

父と子がふれあう機会を増やす

ふだん子育てを一手に引き受けている専業主婦の方は、「夫にはもっと家事や子育てにかかわってほしい」「でも、かえって手を出されると迷惑だし、うっとうしい」と相反する気持ちで常に揺れ動いています。「休日ぐらい子どもの世話してよ！」と言いつつ、いざ夫が手を貸すと、思い通りに動いてくれないことにイライラしてしまうのです。

愛情は、世話をしたり、ふれあったりすることを通してはぐくまれるものです。イクメンは、すぐにはできあがらないのです。次のように徐々にステップを上げていくとよいでしょう。

第1段階　子どもと夫のふれあう時間を増やす
←
第2段階　妻不在で夫と子どもだけの時間を物理的に増やす
←
第3段階　夫と子どもだけで数日過ごす

いきなり1日不在にするのではなく、まずいっしょに公園に行ってもらうことから始め、次は1時間、その次は2時間、その次は半日……というふうに段階を経て「できること」を増やしてもらいます。

ふれあいの機会が増えると、それに伴って夫のなかに「わが子がかわいい」「もっといっしょに遊びたい」という気持ちがわいてきます。

子どもの世話をしてもらえることで母親の労力とストレスが減るのはもちろん、**子どもと父親の親密関係を幼いうちから築いていると、思春期以降に、必ず大きな**

支えになります。

最初から戦力になることを期待せず、ふれあう機会を少しずつ増やしていくことです。

夫に任せたことには口出ししない

「夫に子どもを任せて外出したら、結局ずーっと2人でテレビを観ているだけだった……。自分ならばそんなことは絶対にしない。だから、夫に任せるのは嫌なんだ。本当にあの人は信頼できない」。そんなふうに考えるお母さんは少なくありません。

しかし、いったん夫にお子さんを任せたら、多少おかしなところがあっても、あれこれ口出しするのはやめるべきです。**あなたが自分のやり方で子育てしたいように、夫も自分のやり方で子どもと過ごしたいのです。**

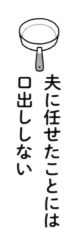

たとえば、ふだんは有機栽培の野菜を使って、バランスのいい食事を心がけ、無駄なおもちゃは買わずにいるとします。それなのに、たまの週末にパパと子どもがいっしょに出かけた先でオマケ目当てにファーストフードを食べてしまうと、自分の努力がムダになったと腹立たしく思うかもしれません。

しかし、「一度、許してしまったら、すべてがダメになる」というものではありません。むしろ「パパのときにはＯＫなんだ」という例外が、子どもにとって心のガス抜きになります。

達成感をはき違えないこと

夫に妙なことをされると、自分が考えたパーフェクトな計画が狂う、目標が達成できなくなる、と思うかもしれません。しかし、当然ながら子育てはお母さんが達成感を得るためのものではありません。

子どもを「自分の達成感を満たすための手段」にしてはいけません。

「実質シングル」の方のなかには、自分の完璧主義のために、夫に立ち入るスキを与えない方もいます。それでいて、心のなかは孤独感とプレッシャーでいっぱいなのです。

お母さんが子育ての「完璧主義」から自分を解放できると、心身ともにラクになれます。それによって、お母さんが精神的に安定することは、お子さんの心に大きなエネルギーを与えます。ぜひご自身の心の安定を第一に考え、おおらかに子育てを楽しんでみてください。

おわりに

シングルマザー（ファーザー）の方のお話をうかがっていると、いつも思うことがあります。

「なんてけなげに、ひたむきに、がんばっているのだろう」

「あなたはもう、じゅうぶん、がんばっていますよ。

これ以上、がんばらなくていいほど、がんばっておられますよ」

ご存じのようにシングル家庭には、経済的余裕がない家庭が少なくありません。

けれど、その親子の姿を見ていると、本当に幸せに満ちあふれているのです。

「ただただ、この子といるだけで幸せだ。ほかには、何もいらない」

そんな最も純粋な親子の愛情を、シングル家庭の親子の姿に感じることがあります。ときには、親子のふれあっている姿を見て、私自身が、「私がこの親子を守ってあげたい」——そんな気持ちになることもあります。

私の知り合いで、4歳と3歳のお子さんを育てているシングルマザーの方がいらっしゃいます。2人のお子さんは、とても元気がよく、仲良くはしゃぎまわっています。

けれども、いつもそんな幸せな光景ばかりかというと、そうではありません。「父親がいないのだからこそ、私がしっかりしつけなくては」と、時折つい厳しくしすぎてしまい、あとで落ち込むこともあるといいます。

職場で上司や同僚から心ないひと言を浴びせられたときなど、家に帰ってもイライラがおさまらず、つい子どもにあたってしまうこともあります。

そしてあとで、

「どうして、あんなことを言ってしまったのだろう。

私は、ダメな母親。

ほんとに、ダメな親……」


そんなふうに自分を責めてしまうのです。

子育て、仕事、家事。子育て、仕事、家事。

毎日、ただただその繰り返しで、心も体も疲れきっている。

出口がまったく見えず、ため息ばかりついてしまうこともある。

そんな彼女の姿を見ていると、私は、心のなかでやさしく、あたたかく抱きとめてあげたくなります。

そして、こんなふうに言葉をかけたくなるのです。

「つらいときは、たくさん泣いていいですよ」

「もうこれ以上、がんばらなくて、いいですよ。

あなたは、もうじゅうぶん、がんばってきましたよ」

「あなたは幸せになれますよ。だって、つらいこと、たくさん、がんばってきましたよ」


それでも、どうしても不安で、ひとり押しつぶされそうになる夜もあるでしょう。

そんなときは、もしよければ、私のことを思い浮かべて、手を伸ばしてみてください。

私も、あなたを感じたら、そっと手を握り返します。

「あなたは、ひとりではありません。

決して、ひとりでは、ないですよ」

◉本書で紹介したさまざまな心理学の方法は、次の研究会で学ぶことができます。どなたでも参加可能です。私のホームページ http://morotomi.net/ で内容をご確認のうえ、お申し込みください。

気づきと学びの心理学研究会〈アウエアネス〉事務局
〒101-0062 東京都千代田区神田駿河台1-1 明治大学14号館6階B611
「気づきと学びの心理学研究会事務局」
問い合わせ申し込み先 E-mail : awareness@morotomi.net
Fax : 03-6893-6701

巻末特集

幸せな子育てのためのワーク集

つらい気持ちや、悲しい気持ち、
または、憎しみや怒りで心が押しつぶされそうになったとき。
ここでご紹介する呼吸法やワークを試してみてください。
どれも簡単にできて、心がスーッと軽くなる、
最新の心理学にもとづいた方法です。

孤独でたまらない人のための「自分のさみしさをいたわる癒やしの呼吸法」

どうして自分がこんな目にあうのだろう。
これからもずっとひとりなのだろうか。
離婚したあと、圧倒的な孤独感に苦しむ人は少なくありません。
ここで紹介するのは、そんな圧倒的な孤独感を
感じたときのための「自分の〝さみしさ〟をいたわる」
癒やしの呼吸法です。

①息をゆーっくりと吸っていきましょう。

息をゆーっくりと吸いながら、自分がいま、
息を吸っていることに意識を向けていきましょう。
ただ息を吸うのではなく、
「私は息を吸っている」――
そんな気づきを保ちながら
息をゆーっくり吸いましょう。
おなかが空気でいっぱいになったら、
少しのあいだ、
その感じを味わってください。

②今度は、ゆーっくりと息をはいていきます

「ハァーッ」　ゆーっくりと息をはきながら、
自分が息をはいていることに意識を向けていきましょう。
ただ息をはくのではなく、「私は息をはいている」
そんな気づきを保ちながら、
ゆーっくりと息をはいていきましょう。

③次に、いま、自分を支配している気持ちに意識を向けていきましょう

いま、自分を支配している気持ち——
圧倒的な「さみしさ」「孤独感」「イライラ」
「不安」「憎しみ」「怒り」
どんな気持ちでもかまいません——
その気持ちに意識を
向けていきましょう。

たとえば、あなたが、いま、
「さみしさ」でいっぱいだとしましょう。
できる限りゆーっくりと息を吸っていきます。
鼻から息をゆーっくりと吸いながら、
「さみしさ」が自分のなかにあることに意識を向けてください。
できる限り、ゆーっくり口から息をはいていきます。
息をゆーっくりとはきながら、
自分のなかにある「さみしさ」をいたわってあげましょう。
まるで、シクシク泣いている小さな子どもがいて、その子を
「さみしかったねー」とやさしくいたわってあげる母親のように。
そうして、自分のなかにいる「さみしんぼちゃん」に、
「そうなんだねー。さみしかったんだねー」と
やさしく声をかけていたわってあげるのです。

「私はひとりでも大丈夫」——
そんなふうに
自分にはっぱをかけて、
自分のなかの「さみしさ」と
闘わないようにしましょう。
「さみしさ」と闘うと、
「さみしさ」はますます大きくなって、
あなたを支配するようになっていきます。
どうですか？
ゆーっくり呼吸しているうちに、
気持ちが落ち着いてきたのではないでしょうか。
気持ちが落ち着いてくると、目の前の扉がパーンと開き、
思いがけないヒントが得られるかもしれません。

自分を否定する気持ちを溶かすワーク

「子どもを悲しい目にあわせている自分はダメな人間だ」
「離婚した自分には価値がない」
「どうして普通の家庭生活が送れなかったのだろう」
「なぜ、あのとき我慢できなかったのだろう」
「病気に気づいてあげられなかった自分は役立たずだ……」

離別や死別を経験すると、
子どもや亡くなったパートナーへの罪悪感、
「普通の家庭とは違ってしまった」という劣等感から、

自分を否定したい気持ちになることがあります。

そんなときは、「すべてをただそのまま認める」姿勢を身につけることで、自分のなかの「凍りついてしまった心」を溶かしていくワークをやってみましょう。

①5回ほど、ゆーっくり、深呼吸をしましょう

ふーーーーぅ　はーーーーぁ
ふーーーーぅ　はーーーーぁ
ゆーっくり息をおなかからはいて。
はーーーーぁ　はききったら、
今度は　ゆーっくり吸って。
ふーーーーぅ

②気持ちが落ち着いてきたら、
自分の周りや、自分の内側で起きていることを
「ただそのまま、あるがまま」に眺めて、
認めていきましょう

たとえば自分の内側に「離婚なんかしてしまうのはダメな人間だ」という気持ちがあったら、それに、

「〝離婚した自分はダメ人間〟と思う気持ち、ここにあるんだね。わかったよ」

そんなふうにやさしく自分の内側の気持ちをただそのまま、認めてあげましょう。

自分に何かを言い聞かせたり、自分を奮い立たせるのをやめて、

「自分の内側」にある悲しい気持ちやつらい気持ちをただそのまま認めるのです。

たとえば、「家族が壊れてしまって、たまらなく悲しい気持ち」
「いろいろなことで疲れてしまって、もう何もしたくない気持ち」
そんな気持ちが自分のなかにあることに気づいたら、
その気持ちに対して、
「悲しくて、悲しくて、
たまらない気持ち。
ここにあるんだね。わかったよ」
「もう、なーんにも、
したくない気持ち。
ここにあるんだね。わかったよ」
こんなふうに、自分の内側にある
どんな気持ちに対しても
〝ただそれをそのまま認めてあげる〟のです。

自分のなかのどんな気持ちに対しても、
「ただそのまま認める」ことを繰り返していると、
自分の気持ちと少しずつ距離をおくことが
できるようになっていきます。
気持ちが少しラクになります。
「こんなふうに悲しかったんだ。つらかったね」と
自分自身をいとおしく思う気持ちが
わいてくることでしょう。

別れた相手への憎しみから解放されるワーク

別れた相手に憎しみを抱き続けることは、
自分の人生に暗い影を落とすばかりか、
お子さんの人生をも台無しにしてしまう危険性をはらんでいます。
「子どもとあの人は絶対会わせたくない」と面会交流を拒否したり、
別れた親と会いに出かける子どもに嫌みを言ってしまったり……。
許せない気持ちがあるからこそ離婚したわけですから、
その気持ちもわかります。ですが、自分のなかの
憎しみと向き合う時間を少しだけとってみましょう。

体を使って自分の気持ちを表現してみましょう。
「別れた相手から、チクチクチクチク小言を言われるのが
何より嫌だった人」は、
枕か座布団を手に取って、
自分が針か錐《きり》になったつもりで実際に、
人差し指でチクチクチクチクと、
枕や座布団を何度も
突き刺してみましょう。

「自分の話にまったく耳を
傾けてくれなかったガチガチに
冷たい心を持った相手への怒りが
たまっている人」は、

大きな氷のかたまりを
ガチン！　ガチン！　とハンマーで
たたき割るようなつもりで、
実際にグーパンチをつくって、
枕か座布団をなぐり続けてみましょう。
何度も「バカヤロー！」と叫びながら。
これを何度も繰り返して、
自分が体験している憎しみや怒りを
数分間体で表現してみましょう。
それだけで、少し気持ちが落ち着いてくるかもしれません。
大切なのはあなたのなかの「怒り」や「憎しみ」を
抑え込まずに、それに「語らせる」ことです。
「怒り」や「憎しみ」が自らを表現する機会を持つことです。

諸富祥彦（もろとみ・よしひこ）
1963年福岡県生まれ。明治大学文学部教授。教育カウンセラー。教育学博士。「すべての子どもはこの世に生まれてきた意味がある」というメッセージをベースに、30年近く、さまざまな子育ての悩みを抱える親に、具体的な解決法をアドバイスしている。『男の子の育て方』『女の子の育て方』『ひとりっ子の育て方』『悲しみを忘れないで』（小社刊）、『教師の資質～できる教師とダメ教師は何が違うのか?』（朝日新書）、『子どもの心を救う親の「ひと言」』（青春出版社）ほか、教育・心理関係の著書が100冊を超える。http://morotomi.net/

ひとり親の子育て

離婚、死別、「実質シングル」。
ひとりで子育てするすべての人へ。

2015年2月18日 第1版第1刷発行

［著　者］諸富祥彦
［発行者］玉越直人
［発行所］WAVE出版
〒102-0074
東京都千代田区九段南 4-7-15
TEL 03-3261-3713
FAX 03-3261-3823
振替 00100-7-366376
E-mail：info@wave-publishers.co.jp
http://www.wave-publishers.co.jp
［印刷・製本］萩原印刷

NDC599　247P　19cm　ISBN978-4-87290-734-6